線畫和繪畫
兒童與視覺再現

Drawing and Painting:
Children and Visual Representation

John Matthews　著

賴昭文　譯

Drawing and Painting

Children and Visual Representation

Second Edition

John Matthews

目錄

CHAPTER 5　看見和知道　\083

CHAPTER 6　空間和時間　\103

（正文頁邊數字係原文書頁碼，供索引檢索之用）

作者簡介

　　John Matthews 博士目前任教於新加坡南洋理工大學（Nanyang Technological University）國家教育機構的藝術學院，教授視覺和表演藝術學系。

譯者簡介

　　賴昭文在倫敦諾漢頓大學（University of Roehampton）取得舞蹈動作治療傑出碩士（Dance Movement Therapy, MA with Distinction），並成為英國合格的舞蹈動作心理治療師（Dance Movement Psychotherapist）。她曾在南倫敦的家暴中心（The ASHA Projects）擔任舞蹈動作心理治療師多年。目前是臺灣舞蹈治療協會的理事，在國內從事舞蹈動作治療的實務工作和教學。她受聘於兒童慈善協會和花蓮家扶中心，提供兒童和青少年進行個案或團體的舞蹈動作治療。同時，接受大專校院和各級學校以及各社福機構之邀約，進行舞蹈動作治療之教學、工作坊和成長團體。對象包括專業工作人員、受暴婦女、性侵受害者、特殊兒童、親子團體以及一般社會大眾等。

序

　　John Matthews 博士增訂本書（編按：本書為原文書第二版）與讀者分享他在新加坡所做的研究。同時，他也針對自己的孫子和他們的藝術及表達發展歷程，提供了豐富的參考資料。

　　本書特別著眼於兒童的創造力，並提供那些與嬰幼兒住在一起的成人或是幼教人員實質的建言與協助，同時強調內容是以研究證據為基礎。John Matthews 博士有著過於常人的膽識，堅持採用有效的論據。他仔細觀察那些與自己觀點相左的立場，並以互不矛盾的多種理論為依據，形成獨樹一格教導藝術的態度及方法。

　　縱使他的著作在其專業領域中為他贏得國際學者的贊譽，他仍不曾間斷兒童實務工作，他在自家或在幼兒場所和孩童們的熱切互動，都充盈於字裡行間。從他的著作可以深刻感受到，他對孩童視覺再現的發展歷程十分著迷，特別是在符號標記（mark-making）的部分。

　　此外，本書對專業人士與其培育機構傳達了「事在人為」的訊息。本書除了呈現出 Ben 在繪畫和線畫的每個層面都表現相當優異，Matthews 也致力傳達，如何協助每個不同文化背景的兒童，發展自己運用顏料、線畫或是建構等表達能力，進而豐富自己的想法、概念、想像力、感受、關係以及技法的本領。

　　本書初版受到許多專業人員的熱愛，再版則以其跨文化和跨時代的觀點為主軸，希冀能成為那些幼兒教育和相關實務工作者的另一項珍品。

Tina Bruce
2002.9

譯者序

　　身為舞蹈動作心理治療師（Dance Movement Psychotherapist），我認為畫畫是肢體表達的形式之一；肢體動作則是運用身體在三度空間中作畫。Matthews 博士以一位藝術家兼教育家的觀點，認定畫畫與動作發展之間有著無法切割的關係，這使我對他的概念產生親切感與好奇，也讓我萌生翻譯本書的意願。但，決定翻譯本書是個自私的理由：初為人母，我渴望透過 Matthews 博士的概念，瞭解女兒 Maya 的畫畫經驗。

　　在翻譯本書的過程中，我同時也全職照顧 Maya（一至三歲）。陪伴她的歷程，使我更能體會本書的內容；而書中幾個重要概念，則協助我拼排 Maya 內在世界拼圖的許多竅門。

　　首先，作者認為兒童發展是「全人」的發展。有別於將知識分門別類，作者認為兒童視覺再現（visual representation）的發展，不單僅局限於線畫和繪畫這單門學科範疇內，而是與肢體動作（包括跑、跳、轉圈等等）、語言（包括牙牙學語、發音等等）、邏輯、數理、音樂和美學等各領域的發展息息相關，相輔相成，它也是反應孩童情緒和認知的媒介之一。

　　他更進一步強調「自發性」畫畫對孩童的創造力、自主性，以及建構自我想法和對世界的認知等發展極具重要性。他反對過早教導幼童畫圖技巧，鼓勵在自由與假想遊戲中，發展視覺再現的能力。由於遊戲囊括了所有的表達方式，且在遊戲中，不同的表達方式會彼此豐富、滋養，故創造出孩童多元的聯想和連結的機會。我注意到，僅是讓 Maya 有自由畫圖和遊戲的機會，她即會邊畫畫，邊說故事、玩玩具、唱歌、演戲或跳舞。她說的故事、唱的歌和演的劇情，會引導她作畫；有時情況則是相反。她思考二度和三度空間的方式，會彼此影響。

　　除了為人所熟知的「具體形象再現」（即畫出事物的外形）外，作者還提供另一種看待兒童線畫和繪畫的觀點：行動或動態再現（即畫出物體的動作或事件的動態狀況）。當我瞭解「行動再現」後，赫然發現它其實

普遍存在幼童的圖畫中。例如，Maya 兩歲多，畫電影《歡樂滿人間》的媬姆 Mary Poppins 時說道：「她在笑（大大、彎彎的曲線），她穿雨鞋（以密集的線條畫出兩個圖塊來表達兩隻鞋），下雨了（畫筆在紙上點觸），下大雨了（速度加快，力道加重，甚至戳破畫紙），喔……她溼溼答答了！（用大量的垂直線條將 Mary Poppins 完全覆蓋住，語帶惋惜）」接著，她站立起來，將我晒衣用的小夾子由上往下潑灑在圖上，說：「看！下雨了！」然後，將塑膠杯蓋住桿麵棍一端，手持另一端，高舉它，將它當成雨傘，手足舞蹈、哼著下雨歌。

僅是覺察到「行動再現」的存在，足以使我尋獲多片 Maya 的內在拼圖，讓我有機會更瞭解她，並能欣賞她的語言、邏輯和認知等發展，而非僅以「她只是在塗鴉，發洩自己的精力罷！」的消極態度來看待此事件。而且當 Maya 以垂直的線條代表大雨，非常快速、有力地將已畫好的 Mary Poppins 塗抹、覆蓋住時，我不會懷疑她不喜歡自己所畫的人物，或誤認她具有任何毀滅性的性格，而是能清楚感應到：傾盆大雨將 Mary Poppins 滅頂了！我也更能將她的畫畫活動和後來所發生的一連串事件接連在一起，並覺察到她已經將「雨水是以垂直方向由上往下落下」的概念，表達在二度空間的畫紙上，以及三度空間的遊戲中（即使她還不知道「垂直」這個字詞呢！）。

除了「行動再現」外，作者也提出許多突破性的兒童藝術觀點，值得讀者再三閱讀，細細品味。然而，當中最令我動容的則是作者貫穿全書對教育的熱忱和人本的執著。他既不贊成「壓抑控制」，也不支持「自由放任」的教養態度。他不斷提醒兒童照顧者，與孩童互動的品質及提供他們一個安全、支持和信任的成長環境，對他們的線畫和繪畫發展之重要性，遠勝過灌輸他們畫畫的技巧或知識。當成人能與孩童同步，尊重他們可以和我們不同，真誠地喜愛他們的作品時，那麼成人和孩童便會進入一種對彼此有著深層同理的狀態。愛與個體的獨特性便會在此萌芽。我將作者的概念結合在兒童的舞蹈動作治療工作時，發現孩子們不但能拾回最原初畫圖的樂趣，更能擴展他們自我表達的能力，強化自信心和提昇創造力。多

次閱讀本書，我深刻體會到，這不單是一本提供父母師長瞭解兒童線畫和繪畫的書籍，它更是一本豐富親子和師生互動的寶典！

　　最後，我要謝謝新竹教育大學劉淑英副教授引薦我這本好書，也由衷感激東華大學視研所羅美蘭教授耐心地為我解說許多藝術專有名詞，以及作者 Matthews 博士撥冗回應我的疑問。更要感謝心理出版社和高碧嶸編輯的協助，使得《線畫和繪畫：兒童與視覺再現》的中譯版得以誕生。希望讀者和我一樣能從本書尋得屬於你／妳的寶藏！

賴昭文

2010. 02. 10

前言

1 　　本書討論幼童的線畫（drawing）和繪畫（painting）是如何啟蒙和發展，以及其早期的視覺再現和表達（visual representation and expression）的重要性。當幼童以任何符號標記、形狀、動作或是物件來呈現出任何事物時，**他們正以某種事物來代表另一種事物，而且透過口語、行動或是想像等不同表達形式來抒發自己的情感**。他們也在語言、邏輯和數學等其他智能領域的發展過程中，運用視覺的媒材來研究、觀察，並畫出線條、形狀和顏色。孩童會運用隨手可及的事物，進入符號想法的萌芽階段（Kress, 1997）。線畫特別可以有效增進他們符號運用的能力，以及提升其標誌和再現的理解力；當他們在家和學校遇到使用符號和標誌方法的困難時，或在校外有必要展現其讀寫能力時，就非常需要這種理解力。這表示在行動中，他們可以運用自己的身體，創造出符號（symbol）、標誌（sign）和再現（representation）；在行動中，這些符號、標誌和再現會呈現在物件和媒材上。但是，孩童在使用線畫和繪畫工具時，更能學會如何形成再現、符號和標誌，這就是思想發展的基礎。我們必須省思並瞭解成人所謂的「兒童藝術」在認知發展中，絕不是扮演處於教育邊陲的角色，而是有其重要性。否則，人們「根本就誤解其義」（Eisner, 1997）。

　　在當代藝術中，線畫可以用很多形式呈現出來，而有些作品根本沒有符號標記或是痕跡（trace）。但簡言之，本書中所謂的線畫係指一種以線條為主，來標示出形狀或事件的方式。一般而言（但並非絕對），畫線畫的動作會產生痕跡或是明顯的線條。繪畫則是在畫紙表面上，運用顏料畫出色彩。但事實上，我們所界定的線畫和繪畫顯然會有重疊之處。此外，雖然繪畫和線畫需要具備特別的技巧，可是這兩種活動與孩童表達感受和外在世界所呈現的一整套

2

行為模式，存在著密不可分的關係。即使線畫和繪畫是本書的重點，但我認為，闡明這兩者是如何與再現能力的發展過程結合在一起更為重要。因此，我也會探討孩童如何運用各種行動、媒材和素材，來表達感受並呈現其現實生活。

許多人對孩童在視覺藝術發展的知識，大多停留在傳統的發展「階段」理論（'stage' theory of development）。所謂階段理論是將發展視為一個漸進的狀態；也就是從較低層次的線畫方式，或是從所謂無意義的「塗鴉期」（scribbling）開始向上發展，進入接續性的較高層次「階段」，直到孩童能完全解決出現於他們的線畫中所謂的「錯誤」為止，並且最後能夠繪製出「正確」的再現。所謂「正確」的定義因時因地而異，但是有一派具影響力的理論，預設兒童視覺藝術發展的終點（the end point of development）是當孩童能具體呈現出「視覺寫實」（visually realistic）的圖畫之時。有些心理學家在審視孩童的線畫和繪畫時，是看這些作品的「視覺寫實」的程度為何，這表示他們認為大多數孩童的圖畫有許多錯誤。此外，根據此學派的觀點，他們認為有一些孩童最早期的圖畫根本就不能稱為圖畫。這些專家學者指出孩童錯誤的繪畫方式，並且認為他們必須經歷線畫發展的各個「階段」，直到他們有能力繪製出「視覺寫實」的圖畫為止（Piaget and Inhelder, 1956; Lowenfeld and Brittain, 1970）。對於熟稔現代與當代藝術的讀者而言，以「視覺寫實」的模式來評量兒童視覺藝術的發展，雖然顯得不合時宜，但此模式卻仍舊影響並主導整個認知心理學和教育圈。此種充斥全球教育界的終點概念（隱藏在不同的表現形式之下）是源自於歐洲藝術的觀點。即便是當今電子媒材也持守此信念——一種所謂的「虛擬寫實」，亦即竭盡所能、忠實地複製出實際情況。

當然，視覺寫實主義所揭櫫的目標不只是藝術教育所努力的目標，也是對兒童的再現和表達能力的期待，無論是要求二十世紀初美洲原住民男童畫「靜物」（Wilson, 1997），或是讓兒童沉溺於現今的電玩世界裡，成為電玩的奴隸，這一切都是致力於將兒童「教化」成為具有一種「正確」地表達現實再現的能力，亦即「正確的」現實再現。

因此，想要為「視覺寫實主義」下個定義並不容易，我們將會在之後的章節中談論這個問題。有人說在畫出視覺寫實的圖畫，或是呈現出所謂「正確」

再現的表現形式之前，幼童不過是在塗鴉或是畫有缺陷的圖案罷了。當然，我並不苟同這種觀點。因為我們不應該拿孩童的圖畫和成人藝術家的畫作做比較，這不僅會對兒童藝術產生誤解，更會失去兒童藝術的意義及重要性，同時也會對兒童的智能和情緒發展造成傷害。

我相信孩童有時在美學藝術上所面臨的問題，是和許多藝術家所關注與本質相關的議題十分雷同。雖然，身為藝術家的我熱愛藝術，但是我盡可能不用「藝術」（art）這個字眼。一部分的原因是因為兒童為了再現和表達的需要，會廣泛地運用各種素材、行動和物件；事實上，為了表達和再現，他們會使用所有隨手可及的事物，我不使用「藝術」這個措辭的主因和兒童發展這個概念有關。的確，有些當代藝術家也會大量使用各種媒材，其中不會墨守成規的人通常會面臨超越前現代藝術（pre-modern art）和「現代」（modern）藝術的議題；儘管如此，沒有**任何**一位成人所定義的藝術能夠完全勾勒出兒童的意圖，以及他們在運用不同媒材時所形成的理解力。

乍看之下，孩童的再現和表達的萌芽期似乎毫無價值可言。此時的再現和表達看似是由一連串無意義的行動所組成的：轉圈、跑步、跳上、跳下、叫嚷和唱歌，他們似乎毫無目的地「把玩」東西、話語或是歌曲。大多數研究者都認為這些行動和孩童的線畫和繪畫毫無關聯（而且通常一般人認為這對兒童教育一點也不重要），但是少數學者秉持與此不同的觀點（Wolf and Fucigna, 1983; Athey, 1990; Matthews, 1994; 1999）。因為動作本身就是一個非常重要的知覺（perception）形式（Thelen and Smith, 1994; Thelen et al., 2000; Allott, 2001），所以我們將會在後續的討論中探討行動本身的重要性。

即使我們將注意力縮小到線畫本身，將它定義局限在紙上畫出線條，我們仍會對它有一定程度的誤解。目前有貶抑孩童自發性或即興畫畫（spontaneous drawing）的趨勢。這是兒童以強烈的情感畫出自己的圖畫；線畫滿足了他們的意圖，而且透過線畫，他們對外在世界會有所瞭解。這種線畫對於兒童的智能和情緒的發展是不可或缺的，可是卻嚴重地受到大家的曲解和破壞（Matthews, 2001a）。過去二十年，兒童的自發性線畫（以及其他大多數兒童的非指導性活動及非正式的學校課程的活動）有系統地受到貶抑。例如，在許多英格蘭學校的當代課程（contemporary curricula）中，兒童並不常有自由畫圖的機

會，甚至很難在學校找到自發性的線畫活動：在不當的課程強勢引導下，兒童自發性的線畫便受到壓抑。這並不是因為兒童不會主動畫圖（事實上，他們一直興致勃勃地畫著）；也不是因為所有的教師都不喜歡這些圖畫。這主要是因為像這樣的圖畫受到當代的教育體制有系統地壓抑。不單單如此，其他隨性的藝術形式，甚至是所有非指導性的再現和表達的活動，都淪於同樣的命運，可是它們對幼童的智力和情緒的成長及發展卻極為重要。

在傳統上，學校課程已經被分類成個別的「學科」，並且以數學、科學和官方語言為教育的「核心」科目。這些「學科」（包括「藝術」）以「知識的主體」的形式「傳遞」給學生。以這種概念為前提，「藝術」學科在大多數的教育體系中，扮演極卑微的角色，這是因為教育界對它在人類發展上的實質意義及重要性有嚴重的誤解。如果幼童真的有機會畫圖，那麼這個機會只有可能在校外，或是在符合藝術教學目標的一套「美術課」中。

今日的兒童藝術是要去符合一種在本質上有其限制的教育目標。這種有限制的教育目標無法接受孩童的自發性或即興式的藝術活動，更確切地說，它是無法接受任何一種再現或表達的行動；同時，教師的教導也明顯地干預兒童的發展。然而，也許表面上看來國民教育課程似乎是「有彈性、很靈活」而且合情合理，可是它的觀點預示了幼童的藝術活動是有缺陷，所以必須趕緊傳授他們較好的方式。簡言之，國民教育課程的理念就是兒童的藝術（即使某些成人十分著迷）必然有「錯」，所以需要被「糾正」過來。在許多所謂的當代藝術教育中有一種趨勢（從幼兒教育開始），即過度訓練技術方面，讓孩童擁有老師心中已預設應具備的技巧；或更確切地說，即課程設計者是竭盡所能服膺政府的指示。

本書旨在闡明兒童線畫和藝術表現形式的意義和重要性，並指出教師可以如何在藝術活動中協助其發展。書中也會解釋為何有些干預行為和「藝術」教導的方式，對其發展具破壞性。

本書的重點是在兒童的自發性和隨興的線畫，以及孩童為自己創造出來的「藝術」。這不意謂我支持自由放任的教學取向（laissez-faire approach），並為此提供論據。這種學派鼓勵孩童可以完全隨心所欲地繪畫。而本書所提出的理由說明了兒童早期的再現和表達是需要與成人互動的機會和來自成人的支

5

持，這是一種微妙且特別的互動和支持。我會闡明瞭解兒童自發能力的發展，以及其運用視覺媒材的能力是兩項幼兒時期再現的基礎。

本書的出版是源自於我對自己三個孩子（Benjamin、Joel 和 Hannah）所進行獨特的縱向研究的結果。研究是從他們出生開始，直到青少年時期。他們非常幸運能接觸到廣泛的藝術素材，而且他們的父母親不但對線畫和繪畫感興趣，也具備這些技巧並瞭解兒童發展。我和 Linda 協助孩子們，並且與他們一起討論他們的線畫和圖畫。

現在三個孩子都已經長大成人，並且都是頗有造詣的藝術家。Hannah 目前在學攝影，她也吹奏動人的長笛，並且還是一位優秀的舞者。我想我可以在她早期的表達和再現的行為中，看到這些端倪。Joel 現在則是一位成功的行銷經理，常經手創造性決策的任務，他也在 Arther King 搖滾樂團中擔任主吉他手。另外，他也具備良好的親子教育和兒童照料的技巧，或許，這源自於我和 Linda 在他早期的符號表現中所給予的支持與鼓勵，意外地培養了這些技巧，這是我們始料未及的。也許，從我們夫妻與他的互動中，Joel 獲得了這些的技巧。我說「也許」，是因為我雖然認為 Linda 從以前一直到現在都堪稱是模範母親，可是我卻不是。事實上，Joel 是一位比我更稱職的好父親。

Benjamin 十五歲時罹患腦瘤，復原後繼續從事藝術創作，並在牛津大學主修歷史。他現在居住在新加坡，是一位非常成功的表演藝術家（和許多藝術家一樣，也有著優渥的收入）。再次回顧過往，我可以從他早期的幼兒遊戲及他和他弟弟 Joel 畫的漫畫素描中，看到幽默的成分。那時候我就已經將它視為一種「劇場」表演了。

我以他們為榮。

6　　　在本書再版的內容中，我會再次把重點放在 Ben（譯註：即 Benjamin 的小名）的線畫發展上，因為從童年到青少年時期，線畫一直就是他表達意思及想法的特殊方式。從他兩歲半的圖畫中，就可以很明顯地看到他的線畫能力了。事實上，從嬰幼兒期到童年時期，他幾乎每天都會畫畫，畫了上千張的圖畫，並且製造出上百件的雕塑作品。如同上述，他也會和他的弟弟 Joel 一同演出趣味橫生的戲劇。仔細觀賞 Ben 的作品，將給我們難能可貴的機會，能清楚瞭解兒童發展的詳細過程，猶如歷歷在目；順道一提，這些見解是用傳統的科

學實驗方法所無法獲取的。如同 Tina Bruce 的評論，Ben 是典型和非典型發展層面一種耐人尋味的綜合體。就如同在初版中所呈現的，我也將採用我任教於倫敦一所托兒所，對四十位幼童所進行為期超過兩年的研究調查資料。在新版中，我已經加入最近研究所得的資料，這是一項在新加坡進行超過十年的研究。這些研究的個案大多是中國孩童，也有馬來和印度的兒童。我也將自己在昆士蘭科技大學（Queensland University of Technology）針對在澳洲布里斯本的幼兒課程所做的研究證據引述於本書中。另外，我也會引用我對兩個孫女——Joel 的孩子 Keira 和 Poppy，所進行的研究。我自己共計獨立完成了超過一百位孩童的發展階序的研究。不過，大多數研究當然都不可能像我第一次縱向研究的規模那麼龐大、詳細。我與新加坡教育部心理評鑑研究局的 Sukitha Kunasegaran 和 Mariam Aljunied 兩位專家，共同分析新加坡六至十二歲小學生的六百幅畫作。我們將它們彙集成一本有關兒童線畫評價（不是「設定等級」）的書籍，提供給新加坡所有小學老師參考之用（Kunasegaran, Aljunied and Matthews, 2002）。我所有的研究意圖是為了協助教師瞭解和重視兒童線畫的發展。我綜合所有研究論證所做出來的解釋，形成一種和傳統以及其他新興理論截然不同的發展模式。

☀ 方法論

我對自己孩子進行深度的質性個案研究，並以自然情境下所得的觀察日誌為依據。我並不會以畫圖來測試孩童（不同於最近的兒童線畫的研究方式），相反地，我選擇設計出一種自然研究法，是可以捕捉到孩童們感興趣的事物，以及他們嘗試畫圖的內容。這種自然研究法也用在我對四十位倫敦托兒所的幼兒所進行的研究。我當時是倫敦的幼教老師。在進行新加坡兒童研究的期間，我仍然持續在研發此種自然研究法。

我只用記事本和鉛筆就開始了我的研究，我並不會對此方法多加著墨。我有時候會同時使用三台錄影機，每一台捕捉不同的視角。針對同一對象運用這個方法，便可以獲取三組不同的資料。如果我想要取得人際互動的過程，這些資料就會特別有用。例如，一台相機可以呈現出孩童的臉部表情以及行動，另

7

一台可記錄他們畫在紙上的圖畫，同時第三台則可捕捉到整個過程的全畫面，以及照顧者的反應（這是我從 Colwyn Trevarthen 的母親和嬰孩一起玩耍的饒有興味的影片中得到靈感）。然後我彙整了這三種紀錄資料。接著進行資料及影像分析，藉以建構出在人際環境中呈現出來的再現之發展歷程。

然而，值得分享的是，在多年的經驗中，我已經發展出以毫不干擾的方式用錄影機錄製孩童的行動，有時候孩童自己會操作錄影機錄影。我在此要強調的是，無論運用哪種資訊設備進行研究，如果缺乏敏銳度，都將會干擾孩童學習，研究所得的結果也將會像是劣質的指導所得到的成效一樣。

在觀察孩童自發性的行為上，我已經發展出自己的一套研究方法，允許孩童自由形成他們自己的再現結構。我不會嘗試和我的研究對象保持距離，通常我會和他們彼此互動與交談。所以，我與他們的互動也成為資料的一部分。就真正的實驗而言，我並不是在進行實驗。然而在我最新的研究中，當需要深入探究某些在自然研究法中難以獲取的層面時，我就會以不同的方式操控情境。不過，基本上我是以無干擾的取向為原則。即使我著重在線畫上，而且即便我知道線畫是一門有其獨特限制和潛在價值的學科，我並沒有將線畫單獨區分出來；相反地，我是在其發展初期的再現模式中的某一情境脈絡裡，觀察線畫的過程。若要瞭解再現發展的真正意涵，我們的確需要如此完整的線畫與其相關的資料；我們必須能在多重模式的配合之下，察覺到再現的行動。

8

雖然一開始，我的研究被當成趣聞佚事來訕笑，並且被譏諷只靠極少數的研究樣本（而且樣本是來自良好的家庭背景）；可是，近年來已有學者證明，能夠得知少數個體的發展與學習是必要且迫切的（Thelen and Smith, 1994; Thelen et al., 2000）。有些資訊確實只能夠以實驗的方法取得，而且我們的確需要大量的兒童樣本的統計圖（statistical pictures）。然而，就像此類研究的重要性一樣，問題的癥結在於它們並不在闡明發展，而是在相當程度上概括其（而且根本就是誤導的）發展階段。只有縱向研究可以詳細瞭解發展的過程。就如 Thelen 和 Smith 兩位學者認為，所謂發展最具意義的部分，是指從一個階段轉變到另一個階段，而不是階段本身。

在行動中繪畫

　　兩歲的 Ben 站在矮桌前，桌上有一張紙和兩罐顏料：一罐綠色，一罐藍色，每罐顏料裡各插著一支畫筆。Ben 先用右手拿起藍色畫筆作畫，他以扇形或弧線動作用力地從紙張的一端畫到另一端。這個動作畫出一個長型彎曲的藍色圖塊，就像是一個大的圓弧。他全身上下充滿活力，似乎整個人都投注在作畫中。

　　Ben 的畫筆從未離開畫紙，他偶爾會突然將左右弧線的動作，改變為以自己胸部為中心的推或拉的動作。因此，畫筆會朝相反方向移動：左右方向的動作創造出藍色圓弧，而這新的前後方向動作（大致以垂直角度畫過圓弧）則畫出鋸齒狀的輪廓。

　　然後，Ben 將藍色的畫筆放回顏料罐中，改拿綠色的畫筆。當他繼續作畫時，顏料從筆尖滴下來，在桌上及畫紙上留下了綠點。他發現後，隨即在畫紙上甩動畫筆，在白色畫紙上弄出更多的綠點。同時，他的媽媽 Linda 另外為他準備了一罐紅色顏料和畫筆，並將它們放在桌上的兩罐顏料旁。他拿起紅色畫筆，在藍色圓弧上再畫一次圓弧狀，紅色與藍色混成棕色。他停頓了一會兒，再以左食指指著畫上的某個部分，他似乎專注在剛才畫出的一個不規則圖塊上，他說：「那裡有一輛車子。」（圖 1）。

　　Ben 只停頓了一會兒，然後接著繼續畫畫。他改變原有的動作，並重新組合這些動作。現在，他的弧線動作轉換成 Z 形動作（zigzag movements）。即使有那麼一會兒，他曾抬起頭對我微笑，他的畫筆卻一直沒有離開過畫紙。

　　Ben 很快又繼續畫畫。突然，他做了一個非常不一樣的畫圖動作。他用畫筆以順時針方向不斷地繞圈圈。第一個圈圈直接畫過他剛所指的「車子」圖塊

圖 1 「那裡有一輛車子」，兩歲 Ben 的畫作

上，接下來，每個圈圈幾乎都重疊在一起。在連續旋轉畫圈圈的同時，他說：「它要轉過街角了……它要轉過街角了……它現在已經轉過去了（譯註：英文 round 名詞可為圓形，動詞則有轉過的意思）。」（圖 2）。然後，他再次將畫筆沾上紅色顏料，對準他剛才畫出近似圓形的完整或封閉形狀，有節奏地用快速向下垂直的方式，在畫紙上連續點觸。這重複的動作在完整或封閉圈圈的裡面和周圍造成密密麻麻的紅點（圖 3）。

圖 2 「它要轉過街角了」，兩歲 Ben 的畫作

圖3　Ben 兩歲時在完整或封閉的圓形裡畫出符號痕跡

之後，Ben 興致高昂地以同一支畫筆做出相同的平行圓弧動作（horizontal arching motion）將這些紅點抹糊了。很快地，旋轉的圓形以及僅存在其內的一小塊空白處，在這左右快速畫動的畫筆之下迅速消失不見。

問題

以上的繪畫事件常會發生在兩至四歲的幼童身上（Mattews, 1983; 1984; 1999）。這意謂著什麼呢？這是個偶發、隨意且無組織，又不具意義的行為動作嗎？還是一種不經思索的「塗鴉行為」呢？很多人可能會說，Ben 只不過是隨便亂塗一通罷了！他們也許覺得這既不是有結構的抽象設計，也不算是什麼圖畫。或許也會認為畫出來的圖畫應該是要讓人看得懂才對；或者說圖畫應該要能「精準地」表現出物體、場景或人物。若以他們的標準來看 Ben 所畫的圖，無庸置疑，Ben 根本畫不出任何東西來，因為他的畫並不是我們可辨認的「圖畫」。

即使親眼目睹 Ben 繪畫的過程，也聽到他所說的話，很多人也不會認為其中有什麼耐人尋味的事。有人可能會覺得 Ben 喜歡這一時興起的活動，但這不過是邁向「正確」線畫的漫長學習的開端而已。他們也許會說從他的行動看

來，他的確很像相當投入此活動。但是，他的肢體動作真的跟所謂的線畫和繪畫有任何關聯嗎？

12

他確實興致勃勃地談論他的畫，但是他在說什麼呢？他的確用對「round」（譯註：意即圓形和轉過去）這個英文字。想當然耳，我們會期待幼童能指出「恰巧出現」在他們畫中的一些形狀。我們要如何才能確定他的話是對應著他的圖呢？他提到「車子」。但是「車子」在哪裡？圖中並沒有出現任何形狀是可以精確地反應出車子的形狀。這麼說來，他所說的話難道不太正確，而且只有對他自己才有意義嗎？

畢竟在許多討論兒童繪畫發展「階段」的書籍中，多數都持這種看法。有些兒童藝術專論的作者承認早期的標記符號（mark-making）與情緒有相當大的關係，或視之為找出藝術素材、肢體動作，及運筆能力的協調性等重要的指標。但僅有少數作者認為這是視覺再現或表達的起步，通常稱之為「塗鴉」階段。有理論主張塗鴉的重要性只局限在幼童注意到或談到關於出現在他或她所畫的符號中那些偶發或「恰好看來很像的」相似物（accidental or 'fortuitous' likenesses）。這理論接續論及幼童可能會試圖有目的地重複先前偶發事件的產物。這個論點本身就是個新概念，因為它不像一般所謂智力發展的觀點。根據這個概念我們可以瞭解到，從完全沒有再現到有再現表達的形式，只不過是偶發事件罷了。之後，我們可看見偶發事件的確在兒童表達及再現能力上扮演著重要的角色，因為它是發生在發展過程中，而不是產生於傳統理論所描述的方式中。

這個理論的演變也是從某個構想而來的，即塗鴉的重要性只限於在偶然中所產生的那些後來被幼童運用在設計和圖畫裡的形狀（Kellogg, 1969）。根據這個理論，Ben 呈現出來的繪畫動作（他在此時此刻的動作）本身並不重要，它們的重要性只局限在被應用於日後的發展歷程中。Ben 的例子可被詮釋為：他意外地運用了「圓」（round）形，並認出它是圓形（甚至使用「round」這個字眼）。其實，發現到如何運用圓形及其他形狀，就像「堆積木」一樣都是偶發的，也許數個月後，Ben 就會將它們組合成不同的型式或圖案。雖然這樣的解釋可被接受，但似乎沒有人能證實這個過程確實存在（Cox, 1992; 1993; 1997）。Ben 將 'round' 的動詞形式用在描述這事件的句子當中。再者，這也

無法解釋「偶發式寫實主義」（偶發事件與現實世界相似）或是塗鴉確實能創造出許多幾何圖形作為日後創作素材的理論。

如果多數人認為在線畫早期階段所畫的圖都是無意義且紊亂的塗鴉行為，那麼他們對幼童日後所畫的圖也不會持有多高的評價。即使幼童漸漸學會畫出在成人眼中視為盡力完成的物件視圖，但成人卻頂多只能以不批評和充滿感情的態度認為這些圖像很可愛，或者更糟糕的是認為它們錯誤百出。他們以一種類似檢核「精準再現」（accurate representation）的清單來評量這些圖像。

有部分的偏見是源自於十五世紀義大利文藝復興的西方歐洲狹義取向的再現觀點。雖然「視覺寫實」、「精準再現」和「發展階段」等專有名詞被許多研究者廣泛運用，但它們卻是非常難以被定義和研究的棘手議題。

視覺寫實主義（visual realism）並非唯一用來測量兒童再現的觀點。在許多兒童的圖畫中，暗藏著其他類似對再現所持的偏見，並影響人們提供兒童畫線畫和繪畫的方式。例如，不同的社會可能對自己的兒童有不同期待，而這些期待則會影響孩童的視覺再現是如何被看待。但這些不同例子有個共同點，即它們以社會視為「正確」的再現典範為假設性目標或終點，再以此去定義和檢測再現發展。

有時，我們看待兒童的線畫和繪畫的方式，會掩蓋住而非呈現出像Ben這樣繪畫事件的意義。Jerome Bruner（1990）指出，有些研究只是在原處打轉，這些研究僅在支持它們應該探究的假設。這如同當我們強調幼童的圖畫是多麼接近「視覺的真實性」（visual reality），或是將這些畫與如何畫出「好的」或「正確的」再現觀點做比較之時。

當很多人認為嬰孩只不過在塗鴉時和（圖3a），我在倫敦和新加坡兩地執行超過二十五年的研究結果卻顯示出，幼童的繪畫從一開始便具有其組織和意義。

我們需要重新思考自己瞭解和提供幼童如何畫線畫和繪畫的方式，這不應該只限於藝術教育的範疇。自幼童開始畫線畫和繪畫起，他們便踏上一條知性的旅程，包括音樂、語言、邏輯、數學和美學等各方領域。但這些知識領域因我們不瞭解線畫發展也備受影響。兒童藝術對認知發展有所貢獻，這項廣為人知的正向概念是正確的。但誠如我們所見，除了一些著名的專家學者外（Smith,

圖 3a　Ben 畫於兩歲三個月

1983; Wolf and Fucigna, 1983; Athey, 1990; Willats, 1997; Kindler, Eisner and Day, 2002 in press），很少人可以具體說明這個貢獻到底是什麼。

視覺再現和表達

　　大部分的人可以接受標記符號是嬰孩學習處理和使用顏料的技巧之一。我們必須有足夠的證據證明，它也是視覺再現和表達的開端。有些專家學者指出，就其他兒童發展的領域來看，那些認定線畫從一開始對幼童就不具意義的觀點是行不通（Wolf and Fucigna, 1983; Athey, 1990）。最新研究強而有力地指出，從出生開始，嬰幼童即發展出許多動作和聲音，作為溝通和再現的可能性。我們知道新生兒似乎有能力與他們的照顧者一起進行有意義的互動行為（Stern, 1977; Trevarthen, 1980; 1995）。他們似乎也很快發展出對事件和物件（或客體）的瞭解。他們對物件的掌控能力（mastery of objects）會展現在和重要他人的關係中，特別是他們的主要照顧者（Trevarthen, 1975; 1995）。我們會再回來談論此要點。

線畫和語言

　　語言的發展通常從一開始便是一種具有意義和組織的持續性過程。雖然有許多不同的理論探討學習說話的過程，但多數語言學家都同意語言發展是一個具創造性的過程，而不是嬰孩模仿成人語彙的過程。Noam Chomsky（1966；1994）的研究結果顯示，幼童早期的語言之所以有些古怪，是因為他們不斷在衍生語言「規則」，而這會隨著年齡的增長而有所改變。我們稍後將會在線畫發展中討論此重要的類比。無論「規則創造」是否適用於語言或線畫的發展，或是 Chomsky 所認為這些「規則」以某種形式呈現在大腦，這兩者皆是具爭議性的概念。不過 Chomsky 認為語言取得在本質上是個**創造性**過程的概念，非常適用於線畫的發展。幼童既不是模仿較年長的說話者來造句，也不是只會抄襲成人的畫來學習線畫。

　　就另一方面而言，語言或線畫的發展並非全是很奇特，但是如何處理在發展過程中同時兼具創造性及普遍性所產生出明顯相互牴觸的觀點，這一直都是描述發展時所面臨的困難（Wilson and Wilson, 1985; Wilson, 1997）。就任何發展觀點來看（例如，學習走路），兒童似乎都會歷經類似的發展次序。因此，我們期待一歲左右的幼兒（或許有幾個月的差異）開始走路。然而，實際上我們每個人都是用獨特的方式踏出我們的第一步。從爬行或用臀部移動位置四處探索環境，到最後踏出我們搖晃不穩的第一步，這一連串的個人發展途徑都是獨特且無法預測的。這兩個面向怎麼可能同時都是事實呢？從巨視面觀來看繪畫或其他方面的發展過程似乎是穩定又有秩序的（以 Esther Thelen 和 Linda Smith 的觀點）；但從微視面觀看之卻又是獨特且亂無章法（Thelen and Smith, 1994）。怎麼會這樣呢？我們需要一個勝過可預測的「階段性的理論」和模仿架構或是絕對獨特性等概念的解釋，因為它們顯然都不正確。

　　最近針對語言起源的研究工作，同時也強化了語言和其他再現的形式之間的連結性。傳統的語言學概念為，說話是一種完全在隨意抉擇之下所產生的慣常標誌系統（不像圖案在某種程度上和它們所要表達的物件外形相類似）。然而，最新的語言研究結果顯示，視覺再現始於嬰兒期的動作語言發展（Allott,

2001）。這項概念對接下來要討論的視覺表達和視覺再現兩者的起始及性質相當重要。

 ## 塗鴉和牙牙學語

然而，我們要如何才能瞭解當 Ben 在畫畫時他在做什麼呢？當小嬰兒在學講話時，可能在咿呀聲中將其獨特的節奏、聲調和溝通模式變成第一個真正的句子（de Villiers and de Villiers, 1979; Allott, 2001; Thelen and Smith, 1994）。我會證明 Ben 在上述的繪畫事件中有精確且清楚地表達自己。明顯可看出 Ben 聚精會神地在溝通及意義的層面上作畫。從他所有的態度可看出他專心投入在作畫上，而非只是不經意的塗鴉行為。他的所做所為都具有情感，而這或許反應出或傳達他當時的情緒和想法。這也可能是在幫助他萌生一種心情，或者至少是在強化其既有的心情。

他似乎相當熟悉自己所使用的藝術素料，而且顯而易見地他也相當懂得畫畫。他對顏料罐和畫筆已有些瞭解，並知道如何將一支沾滿顏料的畫筆從顏料罐中拿到畫紙上，他也知道如何不時地將畫筆沾上顏料。幼童會從生活情境中獲取某些知識：例如藉由探究、觀察和玩弄食物及飲料，或是洗澡時仔細觀察水的形態和動態等。Ben 相當瞭解容器中液體的特性。他的線畫及繪畫行為似乎是從先前其他行為發掘出來的。新的行為是建構在這早期行為的經驗上，這些新的行為再進一步轉成更多、更新的行為，以此類推。線畫的行為動作是以先前的行為經驗為依據，再形成相互影響的表達和再現行為的一部分。

Ben 早已有運用畫紙界限的概念，例如，他把大部分的標記符號畫在紙上。在作畫前，我們需要依據空白紙張來調整自己的注意力和行為動作。成人或許將此視為理所當然，但即使是一張空白的畫紙，它也是社會發展多年的空間和再現理論之下的產物。在下筆前，Ben 的站姿和態度顯示出他相當熟悉這些繪畫工具，這表示他對某種特定的表達和再現形式已略有概念。許多兩至三歲的幼童和 Ben 一樣會自己嘗試（或被引導去接觸）繪畫、寫作和線畫等媒材。無論幼童是自行發掘或是被引導如何運用這些媒材的方式，對他們的發展都具有重大的影響。

　　Ben 使用畫筆、顏料和畫紙的技能動作也發展得相當好，這些動作與他對容器和罐中顏料的知識組織和整合在一起。因此，當顏料在繪畫過程中灑落時，他就可以有所反應。

水平的弧線動作

　　嬰幼兒由三種基本符號（見圖 4、5 和 6）學會做出三種基本的標記符號動作（three basic mark-making movements），我稱它們為第一代的標記行動（First Generation marking actions）。在嬰幼兒時期，所有其他符號和形狀都是由水平的弧線動作、推拉動作和垂直弧線這三種標記行動衍生而出的。在這繪畫事件中，Ben 第一個標記符號姿勢（mark-making gesture）是揮擺或左右搖動畫筆。他幾乎伸直了握筆的手臂，而且大部分的動作都是從肩膀和髖關節延伸而出的弧狀姿勢。這個自然來回擺動手臂的動作，將畫筆中的藍色顏料揮灑在畫紙上，形成斑點。這個身體動作形成明顯且常見的無形動線，就像所有線畫的行為動作，這個標記符號的姿勢早在嬰兒早期就已產生了，我將它稱為**水平的弧線動作**（horizontal arc）（Matthews, 1983; 1984; 1999）。我們會在下一章節探討它的演變過程。有些人持反對意見，認為這純粹只是身體的行為動

18

圖 4　水平的弧線動作（圖畫下方的圖形）

圖5　推拉動作

圖6　在空間中所做的垂直弧線動作，產生了點狀物

作，與智能狀態毫無關聯。從我的觀察記錄顯示，當 Ben 在作畫時，他確實抬
頭看了我一會兒。像這種繪畫動作應該不會出現在閉眼作畫時吧？不會。研究
證明他們的爭論點並不成立。

19

　　不單只有行為動作才對幼兒期的線畫發展具重要性，在一些實驗中也可看到，幼童很快就會將沒有墨水的「玩具」筆丟棄在一旁（Gibson and Yonas, 1968; Berefelt, 1987）。當幼童作畫時，他們有時會目視他處，並暫時依賴由關節的特殊感應系統（本體感覺訊息）所傳達的訊息，來得知自己四肢的位置而繼續作畫。然而，仔細觀察會發現他們很快就會將注意力轉回作畫上，這不僅是要確認畫筆是否仍「順利在運作」（就如同我們開車時將注意力轉回開車行為的道理是一樣），還要更專注於這個表達事件上。有時（以 Ben 的例子而言）他們會將注意力放在別人身上。有時，目光再次的交集會加速他們畫圖的進展（Matthews, 1992）。

　　無論如何，我認為繪畫絕對不「僅」是肢體動作而已，繪畫就如同其他活動一樣涉及多重模式的訊息，包含運動知覺、本體感覺、觸覺以及視覺感官等方面的訊息。一般將感覺運動和心理活動這兩者區分開來的傳統模式，既違反自然又毫無意義。

☀ 他人的重要性

　　幼童將注意力從自己的活動上轉到周遭環境及剛發生過的事件上，他們的目光也從自己正在進行的活動中，轉移至那些非常特別的物件或人們上。如此，他們即可確認自己身處何方，接著去揣測、吸引或是保持旁觀者對他們的興趣。有時，他們的構圖和作畫速度會受到成人微妙的反應之影響。舉例來說，當 Ben 將注意力從我身上拉回作畫活動時，他突然做出一個非常不同的繪畫行為動作——用畫筆畫出橢圓形動作，這可能是他在回應我對他的興趣。這是社會和人際情境的一部分。處在這種情境中畫畫時，他們會對這些情境產生想法。幼童的線畫和繪畫發展（或是任何智力或肢體的技巧）並不全然是自行發生的，它也會受到周遭人們態度的影響。兒童發展的大致方向或是發展中不定時的變化（至少在嬰幼兒時期），都會受到周圍人們和社會整體反應的影響。這觀點非常重要，卻也造成許多困惑與質疑。在此有兩種嚴重錯誤的觀點都對發展造成破壞力：(1)完全不給予支持；以及(2)成人的介入和控制行為。

　　在某個程度上，繪畫對幼童來說就像在進行一場對話；而且，它具有會話

20

的結構。仔細分析早期的繪畫動作就可以確認這觀點。許多初期的繪畫和線畫事件，是由快速轉換的突發性行為造成的。而每組行為動作都蘊含幼童特定的想法，這類似他們在對話中用突發的字詞〔Chafe 稱此術語為「語調組」（intonational units），1994, p. 57〕將自己的想法具體表達出來。此外，繪畫和線畫的次序就如同說話一樣，這些突發性行為與嬰兒的呼吸模式有關聯（Matthews, 2000a）。稍後我們將會探討其他語言結構以及早期繪畫和線畫結構之間的關係。

起初，幼童可能和一個成人在進行談話，但之後他們也許會獨自完成這場對話。由於稍早大人對幼童活動的支持造就了這場對話，以致於幼童後來有能力發展出自主能力，並可獨自和藝術素材進行一場深入的對話。同樣的情形也發生在 Ben 的身上。在這例子中，由於 Ben 的父母親（Linda 和我）給予他細膩的支持和鼓勵，才得以塑造此可能性。在之後的篇幅裡，我們會再探討成人的協助對幼童的重要性。

相反地，有種關於兒童視覺再現的錯誤觀念論及兒童不需要受到任何協助，即可完全自然地自行發展出運用視覺媒材的能力。某些兒童藝術的先驅（如 Franz Cizek、Rhoda Kellogg 和 Frances Derham）有時給人一種成人的影響實際上會有損兒童創造力並應該加以制止的印象（White and Stevenson, 1997）。無庸置疑，某種成人的影響的確會損害幼童再現和表達的發展（Bruce, 1991），有時候，思想家需要獨處，由於當今社會充斥著對「自由放任」取向的批評，所以此觀點逐漸被人摒棄，但這卻是個微妙且重要的概念。然而，倘若我們希望兒童的線畫、繪畫和建構可以有良好的發展，我們就有必要在他們的發展過程中提供一種既特殊又細膩微妙的支持方式（Athey, 1990; Eisner, 1997; Kindler, 1997a; 1997b; Mattews, 1984; 1994; 1999; 2002 in press）。

另一個與兒童發展和學習有關的錯誤觀點，即幼童既無法自行啟發任何學習，也無法在學習的過程中扮演任何重要的角色。根據這個觀點，兒童基本上是空的器皿，而教育的任務是為他們「裝滿」知識。這觀點和先前提及的另一個概念難以區分：學習只發生在當兒童模仿成人的標準範例之時。

當教育課程的設計者抱持著這些觀念，並僅依據一套特定的知識和技巧來規劃課程和傳授學生時，這可能對兒童的學習會造成極大的破壞性，因為這低

21

估了兒童內在的驅動力和學習本身的動態過程。過去二十年左右，強行於英國和其他各地學校的所謂教育「改革」，不是依循兒童發展知識，而是依據構成知識領域或學科的假設所設定出的教導課程來進行（Kelly, 1990）。在含糊的發展「階段」的包裝下（但非常容易被拆穿），藝術課在英格蘭國民教育課程中仍是被限制在此框架之內（Mattews, 2001b; Atkinson, 2002 forthcoming）。

我們會再回來討論貫穿本書的觀點：發展是社會情境的產物。在此我們只著重自然呈現的發展順序。兒童藝術先驅因低估了社會在此所扮演的角色而遭受「批評」的聲浪已然蔚為風氣，但他們的概念確實也有可取之處。他們的確瞭解號稱「教學」的某種形式對發展具有破壞性，而且也反對受維多利亞時期影響的極度壓抑和刻板的「靜物畫技法」以及複製課程（Mattews, 2001a; 2001b; Piscitelli, 2001; Mattews, 2002 in press）。就如同許多現代藝術領導者一樣，他們同樣也瞭解兒童藝術有其共通性，亦具有活力及創造性。

然而，有些兒童藝術的熱愛者或許低估了人們在兒童藝術發展上必須扮演提供某種經驗的特殊角色，以鼓勵和提升這項發展。如同 Athey（1990）所指，發展是下述兩者相互影響的產物：什麼是從兒童內在呈現出來的；什麼又是環境所提供的。雖然，「互動」、「鷹架理論」和「介入」等專有名詞已經十分普及，但這些名詞卻常受到錯誤的詮釋，或被用來遮掩我們不周全的理解力。這是相當危險的。

這個互動應該以什麼形式呈現出來呢？我們已經確認某些形式的互動模式具有破壞力，而且我們也知道兒童不會擷取環境中的每樣事物。所以，這互動的機制又是什麼呢？

機會（chance）在此扮演了一個角色，因為它使我們面對物件和情境的多元和不同的形式。然而，發展絕不是完全隨機的過程，它就像是一個演化的過程（Darwin, 1859）。兒童自由探索和調查的行為，豐富了再現產生的可能範圍。兒童不斷積極且有目的地找尋那些可以促使他們成長的特定經驗，這是以不同的方式產生，也發生在不同的層次上。以大範圍或「巨視觀」而言，兒童自行決定要去調查哪個物件或哪項事件；以小範圍或「微視觀」而言，迅速的決定是取決於兒童執行在素材的行為動作上。我們可從 Ben 變化繪畫行動的速度和方向的方式，看到這個微視觀的層面。錄影帶的資料顯示，當幼童使用顏

22

料時，他們的動作絕非只是無意識的肌肉和關節動作而已；他們看著自己所做的，而且會有目的地改變他們所做的。他們表現並運用知識；這些知識包括他們對自己的身體和它在特定情境中的行為潛能。幼兒時期，繪畫即是靈活適應（adaptation）特殊情境過程的極佳例子。為了表達或再現訊息，這個過程協調和整合了物件或客體掌控（object mastery）和身體行動的運用。

繪畫動作：變化速度或頻率以及方向

Ben 藉由伸曲手肘變換弧線動作，有時他會將手肘向內彎來縮小自己的弧線動作，以便將顏料填滿紙張的空白處。當他看到這樣的空白區塊時，他會調整自己的姿勢；他彎著腰，聚精會神在畫紙的空白處作畫。他也會改變手臂弧線動作的起始點，再依此決定下筆的位置。這些行為看起來都不單只是機械式動作。反之，他所做的變化，讓人聯想到快速且複雜的抉擇過程，他選擇作畫的區域。換言之，他對二度空間的畫紙已略有概念，而且知道可用畫筆顏色將它填滿。

推拉動作

Ben 用畫筆左右來回地做出平行的弧型曲線，不時也會變換成推拉動作（push-pull），因而產生一條擺動的 Z 形或鋸齒線條。下一章節我們會深入探究這推拉姿勢（Mattews, 1983; 1984; 1999）的萌芽期。推拉動作的作用是擾亂曲線的邊緣，它形成一個不規則的鋸齒外形，它在著色的形狀邊緣製造出鋸齒狀。他注意到這些形狀，並且被它們所吸引。Ben 的推拉動作在藍色圓弧上產生小色塊，這色塊是從藍色圓弧的邊緣凸出來的。這看似不重要的形狀，對 Ben 而言卻是具有意義的。他畫出這個小圖形後，便停止作畫，看著它，然後突然用左食指指著它說：「那裡有一輛車。」

23

行動的動力模式

兒童將自己在一些情境中所發現和發展的行為動作，帶入這些創作的素材

中。Jean Piaget（1951）將這樣重複的行為動作稱之為基模（schema），兒童將這些基模運用在不同的情境中（Athey, 1990, p. 35）。當相同或類似的行動被運用在不同的情境或物件時，這個孩童即會獲得與此物件相關的有價值的訊息，也會瞭解動作是如何影響物件。Ben 將抓握基模（grasping schema）應用在長的物件上，如湯匙。以此為例，Piaget 會認為當 Ben 握著另一個新的長物件（如一支畫筆）時，他會讓自己適應（adapt）這個抓握基模。Piaget 認為這些行動基模（action schemas）是逐漸被內化的思想模式之產物，他認為有些種類的基模形成了行為動作的藍圖，例如握筆動作〔**動態的行動**基模（**a dynamic action** schema）〕；而有些則成為事物的心理圖像（mental images）〔**形象的**基模（**a figurative** schema）〕，例如一支畫筆的心理圖案。有許多專家學者視這些動作為**誘因**（**attractors**），只會出現在特定的情境中，而不像 Piaget 所描述是存在腦海裡的再現。Thelen 和 Smith（1994）指出兩種「誘因系統」；每種誘因系統著重在物體和事件的不同層面，即所稱「何謂」（what）和「何處」（where）層面。神經科學（neuroscience）的研究也證實，人類的視覺系統中有兩組的視覺訊息（visual information）；一組是持有「何處」訊息，另外一組則是「何謂」訊息（Eliot, 1999）。這些大致對應了物體和事件的具體形象（configurative）（形狀）和動態（活動或動作）層面。「何謂」和「何處」誘因藉由提供彼此訊息而產生更複雜的行動順序，同時也形成動力類型（dynamic categories）。這些動力類型在相似或相關刺激物的影響下開始運作時，更能被歸納或區分開來。例如，Ben 結合了平行弧線動作和推拉動作，這個組合產生了一個新的形狀，一個他稱為「車子」的色塊。

重新呈現形狀和動作

24

　　Ben 的意思是什麼呢？他似乎用塊狀的圖形象徵車的形狀，這個再現讓人聯想到一個物件的形狀，它是一個**形象再現**（**figurative representation**）。片刻之後，他做了非常不一樣的動作──他用畫筆做出「**連續旋轉**」（**continuous rotation**）的動作（Athey, 1990; Matthews, 1983; 1984; 1999）。對幼童而言，這是個非常重要的繪畫動作，我們會在這本書中探討它的發展。隨著這個

不同行動的產生，Ben 也做出一種不同的再現——**行動再現**（**action represen-tation**）。

　　Ben 用畫筆旋轉和不斷畫圓的動作，來表現車子在時間和空間的動作，而不是車子本身的形狀。畫筆在移動當中，Ben 同時也說道：「它將要轉過街角了……它將要轉過街角了。」（譯註：「轉過」和「畫圓」在英文是同字。）他運用畫筆「製造痕跡的效果」（trace-making effects）（Michotte, 1963, p. 289）來顯示車子移動的路徑。同時，他也運用作畫過程中發生的其他種變化，例如當線條顏色和藍色塊狀失去對比，甚至消失不見時，他說：「它現在已經轉過去了。」

　　物件的出現和消失以及它們出現和消失的不同方式，對幼童而言都是非常重要的現象。我們可以看到這個概念以不同的形式和程度，影響嬰兒期和童年期的繪畫和線畫。除了 Wolf 和 Fucigna（1983）與 Athey（1990）之外，多數研究者並不重視這種再現模式。雖然近來有些專家學者已經接受這種再現模式，但大多數在藝術教育和幼教的繪圖心理學家仍尚未完全掌握它的重要性。目前有種思想趨勢認為再現就是**重新**呈現（**re-presentation**）先前的經驗。多數學者仍傾向認為「**重新**呈現」意謂著和「圖畫」雷同。但是，即便再現確實經常在表達先前的經驗，它卻不是那個經驗本身的複製品。再現的本質是動態且具建構性的行動，而此行動塑造了經驗本身。

　　因為長期存在一種「再現的錯誤呈現」（misrepresentation of representa-tion）的概念，所以這些學者養成一種根深柢固的思考習慣，認為「好的」圖畫是忠實呈現出真實的實際情況，它是存在畫紙「以外」的地方而非圖畫紙上。因此，像 Ben 這樣的繪畫活動絕對無法被稱為是再現行為。行動的再現很少被討論，而且它和線畫發展的關係也尚未完全被瞭解。我最近的研究結果顯示出這種熱烈投入繪畫的行動，可能對日後的再現有很大的影響。

25　　　有許多關於行動再現的疑惑等著被解開。例如，在 Ben 的繪畫例子中，再現到底發生在哪裡呢？是在畫筆畫出來的痕跡上呢？還是他活動的手臂呢？同樣地，我們也很難解釋線條和形狀究竟象徵著什麼。另一方面，也許這並非是瞭解這類再現模式的最好方法，或許將它稱為「合作的成果」比較接近事實〔即採用藝術家 Robert Rauschenberg 可能試圖運用這專有名詞的方式（Brown,

1997, p. 268）〕，偕同一個整合某類型的協調感覺中樞和溝通管道的再現事件。或許，嘗試將它區分為成人認定的學科或知識領域的分類範疇是毫無意義的。有許多如上述一樣的例子，能夠傳達和捕捉到孩童全然投入自己的情緒和智力於事件和物體的再現上（Wolf, 1984）。我們稍後會探討像這種新穎的再現「觀點」是如何跨領域地「被移植」〔採用 Dennie Wolf 的詞彙（Wolf and Fucigna, 1983, p. 1）〕在不同的符號及再現的範疇上。

　　Ben 的有些概念與**形狀**、**位置**和**動作**等三種重要事項有關係，我們應該以平常心看待這三個會反應在幼兒早期繪畫上的要項。從嬰孩學會以目光追尋移動的物件時，它們就存在了。這些要項也反應在語言上。語言似乎分成**動態**或**狀態**動詞兩種時態（**dynamic** or **stative** aspects）；換言之，語言可分為有關物件的狀態或者是事件的狀態這兩種言語表達的方式。如上所述，神經科學認為人類的感覺系統（perceptual system）有兩類，一類是用於找出事物的地點，而另一類則是查明是什麼事物。有學者認為，這可能是基於與生俱來對事件和物體的概念（Spelke, 1985; 1990）；還有人提出嬰兒的感覺系統和環境之間互動的動力系統，在受到某些刺激物的影響後會開始運作（Thelen and Smith, 1994; Thelen et al., 2000）。不論它是以哪種方式呈現於內在的中樞神經系統中，它都是外顯於繪畫、線畫和三度空間的活動中，以及音樂和舞蹈般的行動上，在接下來的章節中會再次討論此概念。幼兒時期的再現任務之一是整合自己對形狀、位置和動作的瞭解。同樣地，在 Ben 第一次繞圈的動作中，他用畫筆準確地畫過代表「車子」的色塊中間，這並不是偶發的事件，這可能出自他對於同樣是靜態又在空間中占有一席位置的物件是可以移動的這個想法，感到相當有趣。

　　兒童的理解力是形成於以小的掌上型玩具所進行的再現遊戲中（representational play），而且這些理解力也會呈現在一個又一個的媒材或活動中。例如，當 Ben 推畫筆就像在推動一個靜止的物件時，他的動作很像他推玩具車一般。當孩童在不同領域、過程或是媒材之間轉換他們的想法時，會產生一種互惠的回饋反應（mutually reciprocal feedback）。在此，雖然孩童做出本質上相同的行動，但是當行動被做在不同的媒材時卻會造成不同的效應。這是一個和素材與媒材對話的過程。教育所牽涉的部分相當重要。強調學科間的差異性和

各學科的範圍之教育計畫，並不重視概念之間相互連結的能力；但這卻是孩童整合不同知識，進而得以描述整體現實所必備的能力。這樣的教育計畫也會阻礙真正具創造性和創新性的思考能力。癥結所在正是它重視不同知識領域的差異性，而非關聯性。我們會在下一章討論線畫和繪畫十分適合孩童探究什麼事物會或不會動、它們如何和為何會動或不會動，以及當它們消失後會發生什麼事。

● 完整或封閉的形狀

繞圈的動作會畫出接近圓形的**完整或封閉形狀**（colsed shape）。Ben 將畫筆沾滿紅色顏料，再和畫紙大致呈垂直的角度，在完整或封閉形狀內用畫筆做出點觸動作，形成許多紅點。在線畫發展中，完整形狀是一項重要的視覺結構。Ben 和多數的孩童都會利用這種形狀來表現出**內外的**空間關係。

我將在第四章中對完整形狀的發現和運用有更完整的闡述。

☀ 繪畫像是一支在時空中有模式的舞蹈

Ben 的圖畫有如眾多幼童的畫作，以顏料和身體動作在時空中呈現出有節奏和模式的舞蹈或戲劇。那裡有不同的起始點、一個複雜的揭幕和閉幕時機的網絡、相互貫穿的故事情節和次要情節，以及各種結束點。

最後 Ben 用畫筆在一陣激烈的弧線動作中，以顏料覆蓋了那個封閉或完整形狀和它紅色的核心。這是眾多「閉幕」的行動之一。Ben 的繪畫行動具有多重模式的性質，這表示將 Ben 的繪畫事件分解為片段並無助益。因為正是這種感官知覺模式之間的相互關聯，賦予它如此豐富的層次意義。

27

☀ 遊戲

遊戲（**play**）成就了所有的可能性，遊戲包含所有再現形式的發展（Bruce, 1991）。儘管被推置在當代教育的邊緣，遊戲蘊含了深厚的智能和情感。在Ben 作畫期間，他推動一輛手掌型玩具車在屋內走動，同時也輕聲地喃喃自

語。他不時提到車子的走向，並表達出自己對車子起動的時刻、它要去的目的地，及對到達時刻的看法。這些看法在他的繪畫事件中，扮演相當重要的角色。在他作畫時提到「車子……將要轉過街」的當下，他已經將玩玩具車中的一個熟悉情節「移轉」〔運用 Dennie Wolf 的詞彙（1983, p. 1）〕到繪畫活動上。此刻，他手握的畫筆即取代了手掌型的玩具車，就好像畫筆變成了玩具一樣。這有什麼重要的意義呢？

雖然很難對遊戲下定義，但它卻是學習不可或缺的要素。當孩童努力學習掌控動作、物件和技巧時，或當他們試圖去瞭解新事物時，他們會調整自己的行動和想法，以迎合這些特殊的任務及目標的需求。就像 Ben 學會握住畫筆，把它放入顏料罐內，再把它拿出來，而且不會將顏料灑落的過程。Piaget 稱這個過程為**調適（accommodation）**。這已不是遊戲。在此情況下，孩童正努力學習掌控物件及自己的行動。

遊戲使我們有不同的態度。當孩童在玩耍時，他們的行動暫時不會受限於情境對他們的要求，他們可以改變情境來符合自己的行為。Piaget 稱這個過程為**同化（assimilation）**。區別玩耍和非玩耍的行動是非常有用的；但在現實的情境中，調適和同化或許會彼此影響。調查研究、探索、掌控物件和再現可能會不斷在迅雷不及掩耳的接續中彼此影響。

遊戲的概念說明孩童對符號、標誌和再現的理解以及運用。孩童需要有為達到目的不擇手段的機會，讓他們能將過程本身當成一個關注的獨立體，重複進行探究。以 Vygotsky 的說法，遊戲能讓孩童將字詞和物件以及將行動和意義區分開來（Vygotsky, 1966），這對學習有些重要的影響。當物件和行動與它們平常被賦予的功能和意義分開來時，孩童便能覺察它們的特性。當這些物件以及執行在它們上面的行動緊密地與適應掌控物件（adaptation to object-mastery）連結在一起時，這些物件的特性就無法顯現出來（譯註：例如，當孩子不將「褲子」和「穿在腿上」連結在一起時，他們可能會將褲子戴在頭上。那麼，他們就可以看到褲子是有開口的管狀物等特性）。這聽來或許很矛盾，但它是藉由將行動和物件從它們慣常的功能中釋放出來，使孩童可以建構出一個可具體化的世界（an objectifiable universe）（Lorenz, 1996）。當物件和行動從它既有的框架下被釋放出來並去適應現實環境時，這可使孩童所形成的組合

28

具有彈性（the combinatorial flexibility）。Bruner （1964）指出這種具有彈性的組合在深入閱讀及運用符號系統上是不可或缺的。在假設或虛擬世界中所形成不同類型的概念和想法，可以檢測出這個有趣的過程。遊戲提供孩童一個安全的心理空間去思考令人害怕的實際經歷。在遊戲中，孩童可以再三地讓重要的物件和人物消失及出現。因此，他們可以習慣感受事物與人物是如何消失和出現、他／它們「消失」到哪裡去、他／它們會如何重現等不同的情境（Freud, 1915-17; Easthope, 1999）。Ben 啟動那部「車子」使它呈現出「將要轉過街角」及「已經轉過去了」等不同情節就是個很好的例子。

飛濺的顏料

Ben 拿起畫筆，上頭沾滿的顏料一滴滴掉落下來，此時，他似乎不認為這是個「意外」。他並沒有試圖「糾正」自己的行動，相反地，他擴大顏料滴落的效應；他藉由抖動畫筆，在畫紙上灑出更多的點滴。他運用既有的力學慣性定律的知識和技巧，抖動畫筆將顏料灑在畫紙上。

這意外掉落的顏料可能在他的大腦觸發一個被稱為**誘因的系統**（Thelen and Smith, 1994; Thelen et al., 2000）。它隨即召集相關的誘因，也就是從過去因抖動濕或髒的物件而產生液體飛濺的經驗所得來的「知識」。

然而，這些技巧的用法在兒童心裡並非一成不變；它們本身在自由遊戲（free-play）中就是非常有趣且必備的要素，不可預測的事件也因這些技巧而開始產生。這並非意謂著任何事情皆可能會發生。Ben 所依循的事件順序是由已經存在他腦海裡且準備隨時啟動的誘因系統或行動模式所主導的。

就字面和隱喻而言，這是一個動態且無秩序的情境；許多不同的再現和結構的可能性會因此「浮上檯面」。自動（self-motion）在此顯得特別重要，因為它能在相同的情境中重複獲得不同的「場景」，建構了一個複雜的「動態裝配」（dynamic assembly）的理解力。這些理解力最後都可用不同方式被重新裝配（Thelen and Smith, 1994, p. 194）。

Ben 全神貫注在自己使用的顏料上，不論發生何事，他都會將它們納入繪畫過程中。當他拿起畫筆，將它移到畫紙上方或在紙上留下痕跡時，隨時都有

29

不同的事情會發生。他時時刻刻都需要火速地下決定。他過去的互動經驗及此刻的情境動態狀況都再再影響他決定出這個行動的方式，而非另一個。或者也可以說，當一個行動發生在接近 Ben 正通過的發展景象（developmental landscape）的動態誘因上時，任何一個新的潛在發展方向都可能會促使發展的進行。雖然 Piaget 將這些稱為內在基模，就如同是行動的計畫或是藍圖，但呈現在我們面前的卻很有可能是一個動力系統。雖然這動力系統是經由錯綜複雜的基因演化而形成的，其本身卻沒有預先在大腦中形成。這個動力系統是一個過程，在這個過程中，孩童會利用每時每刻呈現出來的行動方式。內在的行動計畫或是藍圖（誠如 Piaget 所認為的）並不是造成他們選擇某種行動方式的原因，而是他們所邁向的潛在發展途徑和可能的發展方向所造成的「偏見」或「價值」（Edelman, 1987; Thelen and Smith, 1994; Thelen et al., 2000）。漸漸地，不同的誘因系統間複雜且重疊的部分，會形成可概念化的動態類型，即「原始」的想法（Thelen and Smith, 1994; Thelen et at., 2000）。

有兩種基本的誘因系統啟動了發展初期的再現。一種是依據行動而勾勒出事物的外形；另一種系統則是記錄物件的特性。漸漸地，孩童會學會形狀的名稱（例如，「圓形」），而這個字可能會引發多種與它相關的誘因。字就像是個「樞軸」；語言、視覺和運動知覺的再現及語言則是圍繞這「樞軸」而形成的。

Ben 的繪畫行動是「他想做的事」和「它如何產生」這兩者之間的動力平衡。在他的願望和實際情況之間上演一場持續的對話，雖然他的行為有些是突發性的，但他卻能善用偶發事件並將它納入上述的對話中。兒童如何畫圖的研究一直過於著重在偶發事件上。與其認定幼童早期的圖畫是隨意且不經思考的行為，不如說它是以有目的的「隨機」（randomised）行動所獲得的大量可能性和意義。我們很難直截了當為「控制」下定義。技術高明的藝術家、表演者及運動員不會以一成不變的方式控制他們的行為動作。例如，專業足球員在比賽時，為了能立即反應任何可能發生的情況，他們必須適時地、有彈性地調整踢球方式。

偶發的相對於有意圖的或「正確的」這種概念是源自於古典的發展模式。Piaget（1951）和 Luquet（Luquet, 1927; Costall, 2001）的研究內容至今仍深深

30

影響我們的思維及兒童線畫發展。Luquet 是一個偉大的兒童線畫先驅，他對孩童線畫的洞察力極為敏銳（Luquet, 1927; 2001）。Luquet 對兒童線畫提出許多重要的見解，至今仍然被廣泛探討，其中一項重要的觀點為成人的支持和鼓勵會使孩童在藝術方面有較好的表現，他另一項重要的觀點為孩童會交替運用不同的再現**模式**（**modes** of representation）。Piaget 將 Luquet 的概念運用在自己的認知發展理論中。但 Piaget 將這些再現模式排列成「階段的」層級體系。孩童從所謂最低層次（層級最低）以接續的階段往上發展，直到頂端（發展的終點）的最高層次（最高級別），而這完全不是 Luquet 的原意。Luquet 視孩童運用的所有模式為同等有效，他強調每種模式的「寫實主義」——但並非僅指視覺寫實模式的「寫實主義」（Costall, 1993; 1995; 2001）。反觀 Piaget 的模式卻將孩童的視覺再現發展視為循序漸進的過程。這個過程透過明確的階段始於「塗鴉期」（scribbling），接續進展到「校正期」（correction），最後結束於正確的「視覺寫實」的圖畫中。由於這個理論仍舊非常具有影響力，所以我們更應該仔細來探討它。

在這個階段層級體系中，第一個階段通常被認為是無意義的「塗鴉期」。Piaget 的理論認為，孩童在此時期會碰巧在自己的圖畫中發現偶發事件或「恰好」看來很像的相似圖像，然後他們會試圖有目的地重複它們。然而，實際可以支持這個傳統概念的證據卻非常有限（Cox, 1992; 1993）。

根據這個古典理論，兒童線畫發展始於「智能寫實」（intellectual realism），然後才進展到「視覺寫實」的階段。在「智能寫實」期間，雖然大多數成人認為孩童的圖畫是在表現物件，但他們仍然覺得這些圖畫很奇怪，因為他們認為這些圖畫沒有呈現出物件逼真的視圖。這些畫通常被稱為**智能寫實圖畫**。原因是它們捕捉到孩童對物體（或景象）的理解，而不是眼睛看到物件在靜止狀態下從某個固定位置所投射出來的形狀。簡言之，智能寫實的圖畫會顯示出孩童**知道**了什麼，而非孩童**看見**什麼。智能寫實階段最終應該會被下個階段所取代。在下個新階段中，孩童反而是畫出他們所**看到**，而非他們所**知道**的。此階段所畫的作品通常被稱為**視覺寫實的圖畫**。

這項發展理論有幾個怪異之處。首先，雖然它的觀點或許能將某些孩童的圖畫大致做分類，而且就它的觀點來看，本書所探討的某些圖畫（見圖 42、

43 和 45）也能被視為具有「智能寫實的」訊息。但就另一方面而言，這些被歸類的畫作只能勉為其難地符合這些類別（Costall, 1995; Mattews, 2001a）。再說，試圖區分「看見」和「瞭解」是毫無意義的。因為當我們注視事物時，這個行為事件並不是一個記錄影像的過程，而是牽涉到邏輯、語言和感覺，也受到誘因傾向和渴望的驅動。

有些幼童線畫的概念似乎也符合 Piaget ／ Luquet 的發展模式。例如，當 Ben 畫出一個被他稱為「車子」的色塊時，這個過程看起來就像符合「偶發式寫實主義」的概念，不是嗎？雖然看起來（意外地）有時孩童會碰巧畫出相似的圖像，但事實上這樣的看法卻忽略了他當時正在探索和發揮所有的可能性，而偶爾發生的偶發相似物（accidental likeness）只是其中一種可能性罷了。就如同其他孩童一樣，Ben 會故意製造出偶發事件可能會發生的情境。在孩童開始作畫時的確如此，但是他們並無法完全控制滑動的畫筆及飛濺和灑落下來的顏料。所以，偶發事件是發展的主要機制的觀點，完全不符合真實性。Luquet 在 1927 年所出版的書中也提及這個觀點，他認為線畫是一種結合多項策略的複雜活動。我們可以將早期畫圖活動比喻為孩童想要做的事，及實際呈現在紙上的狀況之間的對話。孩童會利用從這個互動中產生出來的不同機會。孩童不只會注意到物體的形狀，也會察覺到事件的特質。如果我們將注意焦點擺在思考這些因畫筆而產生的行為是否為偶發事件，也許就會因此錯失了要點。因為孩童不斷和作畫過程所產生的事件進行對話，所以他們能在不同模式和程度上掌握機會。為了產生更多的可能性，他們會有目的地做出隨意性的行動。

藉由支持孩童的繪畫和線畫，我們可增強他們的自主權，因為透過協助他們在再現活動中自己能形成假設性的、模擬的事實，我們就提供了他們一些控制生活的方式。在這個過程中，Ben 不僅學習控制運動神經和熟練地掌握繪畫素料，也在發展自己的概念。若有人試圖區分感覺運動的行動和想法（sensori-motor actions and thought），這顯示出此人對情緒和智能發展有極大誤解。這樣的誤解已經對教學帶來破壞性的影響。Ben 表達和探索自己對操控力的感受，他用顏料在紙上畫出一輛車子。更重要的是，Ben 意識到在「車子將要轉過街角」時，應該會有一個司機，而這個司機可能就是他自己，他可能正想著自己在控制車子的速度和引擎的音量，而這些都與操控力有關。Ben 可能利用

32

這個再現的行為（其他孩童也會如此行）去感受控制的感覺。所以，他的控制力不僅是來自操作繪畫工具，也透過在畫畫過程中所產生的視覺改變和事件而來；同時，它也和呈現在畫紙表面之外的假設性事實有關。我們可以將此視為圖畫的**結構**（the **structure** of the painting）。就較深的層次而言，開車的再現象徵著 Ben 自己對掌握操控力、動作以及事件結果的渴望。能夠掌控重要物件和人物的消失及出現是一種假象，但這對嬰兒而言卻是極為重要的事（Freud, 1915-17; Easthope, 1999）。我們可以將此視為繪畫**主題**或內容的層次（the **content** of the painting）。值得注意的是「內容」這名稱在此不單僅指畫紙表面上的「圖畫」內容（主題——「車子——將要轉過街角」），也涉及物件的特性和命運等較深層面的主題。另外，我們也需要記得在兒童繪畫和線畫中其結構和主題或內容的差異處，以及它們之間是環環相扣的關係。

如前述所提，文字語言可能是來自於身體的動作。這個「將要轉過去」的想法就是個極佳的例子；當這句話是從口語表達出來時，有時兒童和成人會用手指或手臂畫圓的手勢來表達它（在時空中的一個圓形動作）。或許字和口語表達兩者皆是由身體語言的單位所組成的。Ben 的繪畫可能是一種視覺的「口語表達」（Allott, 2001; Mattews, 1999; 2000a）。

● 線畫和語言

上述的再現和表達的方式很少受到矚目及瞭解。透過定義再現和表達，孩童表現在線畫和繪畫的方式非但沒有受到瞭解，反而被掩藏起來。Carolee Fucigna（1983, p.1）指出，早期的語言發展研究也面臨類似的問題。這已經在教育和幼兒照顧上造成負面的影響。語言的發展是循著一個發展連貫體向前發展。當幼兒發出第一個音開始，這發展連貫體就有其組織及意義。這適用於所有層面的再現，而語言即是其中一個。近來相對於語言是一套制訂的、約訂成俗的慣性聲意組合的理論，有些學派主張語言就像繪畫一樣，是源自於身體的行動和姿勢。言下之意，所有形式的再現是源於同處，並且這些形式在一個相互影響的系統中結合為一體，而非像 Howard Gardner（1985; 1997）所指是一組極為不同的思考方式。我們會再回來探討這個重要的概念。

Piaget 認為，在語言獲取的初期，幼童以一種私人且特殊的方式運用語

言。根據 Piaget，幼童最初認為物件的名字（賦予此物件的字詞）即是物件本身的一部分。Allott（2001）指出，即使現今 Piaget 的語言觀點受到嚴厲的批評，但他提出幼童最初將物件和字詞視為一體、相同的，這個觀點是一項極為重要的概念。字詞和物件以再現系統的形式，緊密地連結在大腦中。透過遊戲，孩童學會將字詞和物件分開來，並且能區別行動和它的意義（Vygotsky, 1966）。

當嬰孩學會說話時，他們通常會自己不斷地反複練習發音。此時，他們並不是在呼喚任何人，而是在感受聲音組合和變化的可能性，這樣的行為對語言發展是非常重要的。他們知道自己無法僅是靠著模仿長輩所說的話而學會言語結構。他們非常積極，他們覺得說話的聲音及說話的行為十分有趣。Derek Bickerton（1981, p. 234）將此稱為「基礎結構的動機」（infrastructural motivation）。這意指嬰孩會非常積極地去發掘如何將聲音放在一起並形成意義。

這同樣適用於繪畫中。孩童探究和嘗試不同的行為次序的模式，然後他們依據自己所看到和感受到的形狀、顏色、線條以及動作，來重複、變化或組合這些行為。這個概念遠遠超過 Rhoda Kellogg（1969）認為孩童僅是在組合一個正式的形狀語彙（a formal vocabulany of shapes）的概念。一方面，孩童意識到線畫是由自我滿足之形（self-sufficient shapes）組合而成。他們不像成人會有線畫和繪畫是視覺世界的複製品的這種錯覺 （Rawson, 1982; Golomb, 1974; 1992; 1993）。另一方面，孩童也注意到存在於這些視覺結構和真實世界的結構之間的一種關係。這就是視覺再現的「雙重知識」（double-knowledge）（Furth, 1969）或是雙重本質（dual nature）；即在畫紙上的一個形狀可以「代表」此形狀本身以外的事物，進而使再現成為可能（Stetsenko, 1995）。Anna Stetsenko 主張線畫可能是彰顯符號、標誌和再現的雙重本質最理想的媒材。

孩童把形成的理解力轉移運用在不同媒材領域中。支持和提供孩童這樣的機會，對他們的創造力和獨立思考的發展極為重要。

34

☀ 摘要

在本章我們看到幼童在被認定應該只會塗鴉的階段時就有能力形成重要的

再現和表達方式。事實證明幼童很少塗鴉；這與傳統的理論和廣為流傳的常識形成明顯的落差。研究者很少注意到幼童早期的視覺再現發展，如果有，也常對它有嚴重的誤解，這是基於他們對繪畫或線畫所持有的假設和偏見。舉例來說，Steven Pinker 贊成大腦神經模組理論（the theory of neurological modularity of the brain），而反對大腦是一種多用途全方位的符號製造裝置（symbol-making device）〔譯註：作者認為 Steven Pinker 在語言方面所持的論點無法被應用在兒童其他的早期符號化過程中。這是因為 Pinker 相信語言是受到特殊的大腦「模組」所支配。在大腦神經模組理論中，大腦被劃分成不同特殊的模組，每種模組掌管各自特殊的任務。另有一項理論則是認為大腦是一個獨特、單一的整體，它是一個泛功能取向（general-purpose）、問題解決的裝置〕。他指出幼童是「文法的天才」，同時卻也聲稱「一位三歲大的小孩……幾乎沒有視覺藝術的能力」（Pinker, 1994, p. 19）。不過，在嬰兒幾乎無法和他人進行口語交談前，他們已經發展出意味深長的視覺語言。鑑於我們對其他層面的早期再現思想的瞭解，我們實在不需為此感到驚異。語言有可能源自於嬰兒的肢體和視覺語言，這樣的概念有別於主張它是明顯不同的「智能」管道的另一項觀點（Gardner, 1985; 1997; Pinker, 1994）。

嬰兒有探究形狀、位置和動作等重要事實的需求。我在哪裡呢？發生了什麼事呢？當我們吃驚地發現自己身處於一個陌生的星球時，這些也許是我們首先會問自己的問題。這是什麼東西？事物在哪裡？他們／它們要往哪裡去？我最後在哪裡離開他們／它們？他們／它們是否會回來？以上的問題是我們終其一生所關注的議題。

有種非批判性情感取向的兒童藝術學派，主張孩童的線畫和繪畫會因為任何成人的影響和教育形式而破壞它可愛宜人的表現方式。這個觀點已受到許多的批評。然而，有一個同樣具毀滅性但持相反觀點的派別，截至目前為止卻只受到少數的質疑，政府當局甚至全心全意地支持這個理念派別。這個學派的研究者認為，線畫的發展止於當孩童能將三度空間的物件畫成像是從固定的方位看上去一般。繼這些研究者的建議之後，老師們被鼓勵制止兒童時期的自發性或即興式的畫圖行為，並糾正孩童直到他們能畫出「好的」再現作品為止。這樣是種極端的派別，就如同採用不切實際的放任取向一樣不妥當。很多老師斷

然否認視覺寫實是自己的教學目標。但事實上，放任和「欠缺不足」這兩種模式的教學取向，的確在兒童再現的假設性目標上有許多變異性和細微的差異。但無論如何，這些不同期望的目標都異口同聲認定，最佳的兒童發展指標是要等到兒童再現的形式得到社會（無論是前現代、現代或後現代的觀點都沒有差別）的認可為止，所謂有缺失之處都需要被修正過來。

我們如何概念化在兒童的圖畫中所發生的事以及兒童如何發展，將會深刻影響我們如何著手計畫嬰幼兒的教育經驗。相對地，這也將會對童年後期及青少年時期造成很大的影響。倘若我們相信繪畫發展完全是天生本能，基本上是無須受教導的，那麼這將會導致自由放任的教學方式。反之，我們若相信兒童的線畫是未來較高層次再現形式的一種偏離常軌和不正確的版本，那麼我們就會在達成「期望結果」之前，不斷糾正孩童的繪圖活動。即使在二十一世紀初，這個觀點通常表現在訓練孩童畫出深度空間、視圖和立體感等技巧上，使他們的畫作宛如從一個假想的觀察位置觀看之。

當我們端詳那被當代藝術家視為圖畫的各種作畫技巧時，所有這些派別就顯得相當不合時宜了（例如，請參閱 Rose, 1992; Button and Esche, 2000; Pietronigro, 2000）。更值得注意的是，上述派別對發展是極具破壞性的。當務之急，我們應該盡速識別出這些被忽略的表達和再現方式，並協助幼童發展它們。如果我們對此置之不理，我們為了兒童的學習所做的計畫就會沒有依據。若沒有好的理論，教育（以及在其中所定義的專有名詞）將會繼續被現在掌控著教育的無知消費主義（除了幾個顯著的例外之外）所劫持及訛誤。

從出生開始，線畫就是一個有組織及有意義的連續體

36

孩童會開始畫出物件的形狀和動作，他們也會運用畫圖事件去表達畫紙表面以外的其他事件。這些孩童試圖表達的事件也許是虛擬世界中的假設事件，也或許是不容易用言語表達的思想和情感記錄。孩童在一個類似語言發展的過程中探究自己的圖畫模式和結構以及畫圖動作，他們的畫圖動作充滿了各種情緒。即使是出自於兩歲幼兒的手，繪畫和線畫也能成為敏銳的媒介，反應出細膩的情緒起伏。

● 什麼是最佳支持和鼓勵發展的方式？

　　我們要如何協助兒童發展此過程呢？我們對藝術的知識和興趣雖然對孩童極有幫助，但這還是不夠。我們需要具備兒童視覺再現發展的知識，唯有徹底瞭解這些知識後，我們才有辦法規劃良好的教學及學習經驗。英國藝術課程規劃者在具備這些知識前，便界定出「藝術」的定義和所謂的「基本要素」，以及如何教授孩童的方法。這正是導致英國藝術課程如此劣質的原因之一（Matthews, 2001b）。

　　然而，無論政府官員修訂了多少課程，使它們聽起來更符合時代需求，但像這種定義只能是暫時的，而非教育的核心。更重要的是，照顧者和教師能瞭解什麼經驗是在被認定的學科或主題範圍內（可能是「藝術」，或是其他的學科），能真正促進學習的經驗和發展的過程。

　　最後，我們應該重新評估孩童自發性的藝術活動和非指導性的活動。基於社會控制的因素，這些活動在當代的學校課程中，若不是正遭受壓抑，就是被輕視。孩童從其他已經被發掘和運用的行動經驗中創造出藝術。嬰孩的行為動作雖然看似亂無章法，但在這些混亂的行動裡卻含有熟練的肢體語言；而這肢體語言是建立符號化的根基。沒有這個語言定位就緒，就不可能有更進一步的學習。

行動、技巧和意義

 動作和物件的再現是從何而來？

　　早期的標記符號是相關的表達和再現的行動之一。在前一章中，從觀察 Ben 的圖畫中可以看出他在呈現物體的動作、形狀及位置。這些領悟和能力是從何而來的呢？

　　最近的新生兒研究顯示，表達性思想（expressive thought）發展於出生或出生不久之後（Spelke, 1985; Trevarthen, 1995; Thelen and Smith, 1994; Thelen et al., 2000）。這與認為嬰孩是空白紙張的概念不同。研究顯示，當嬰孩出生時，很快就能和父母親（特別是母親）進行基本的「對話」（Stern, 1977; Trevarthen, 1995）。相關研究亦證實，嬰孩早期即有應付物體和事件的傾向。有一項精心設計的新生兒實驗結果指出，當新生兒被支撐住，雙手又可自由活動時，他們的手會伸向物體（Bower, 1974; 1982）。其他研究也顯示，新生兒很快就會對物體的動作產生期待（Spelke, 1985; 1990）。因此有些心理學家認為，這證明了內在再現的存在事實，或它在出生前便早已存在大腦記憶中的「軟體」內。他們認為這意謂著當嬰兒出生時，對物體和事件早已具有原始本能的概念，同時也能進行有計畫性的行動。然而，這種與生俱來的概念卻不甚周全。有些專家學者便認為，知覺系統的進程早在子宮內就已發展一段時間了；這個知覺系統是一個動態、持續的過程（並非在出生之前，再現即預先成形於大腦中）。出生後，這些系統便開始在自然界和人際環境中運作，並且被某些偏愛及「價值觀」所觸發和驅動（Thelen and Smith, 1994）。如前一章節所述，這

些系統似乎掌握到事物是什麼以及在哪裡等概念。

　　新生兒對物件的形狀、種類以及動作十分感興趣。之後，這些興趣將會表現在不同的媒材中。這就如同我們所看到 Ben「車子將要轉過街角」的圖例。

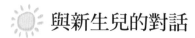 與新生兒的對話

　　Stern（1977）和 Trevarthen（1980）的研究顯示，嬰幼兒與自己的父母進行著微妙且細緻的對話，包括臉部表情、聲音和姿勢，此對話絕非只由成人單方面在操控而已。嬰幼兒對於主題、速度及節奏的主導性隨處可見；而且他們不只適應或模仿既有的行為而已。就如同所有的對話一樣，每一位參與者都必須對內容有所貢獻，否則就不是對話了！嬰幼兒在「文化的創作」中扮演著某種角色（Trevarthern and Grant, 1979, p. 566）。

　　一幕又一幕或是用極慢動作播放著我女兒 Hannah（從她只有幾天大起）和她媽媽 Linda 在一起的錄影帶，我們可以發現她們完美的聲音、臉部表情及姿勢的「同步互動」（interactional synchrony）（Condon, 1975）。我們無法訓練父母親這種互動方式，這是父母的天性。如同 Stephen Pinker 指出，沒有父母教他們的嬰孩說話，他們只能仔細聆聽嬰孩正嘗試告訴他們什麼（Pinker, 1994）。嬰孩掌制著協調整合在腦中的情緒狀態的行為網絡（Trevarthen, 1984）。人們可以感受到媽媽和嬰幼兒在一起，是因為他們有相同的目的或是能理解彼此共同的行為（Trevarthen and Hubley, 1978; Trevarthen, 1995）。Trevarthen 覺得嬰幼兒和照顧者之所以能對談，是因為雙方都可以調整自己的節奏模式，進而能與搭檔和諧一致（Trevarthen, 1984; 1995）。我們看到照顧者細膩地支持嬰孩進行這些有模式的早期遊戲，使得這些遊戲內容得以逐漸發展，進而能將玩具、繪圖及寫作等媒材納入遊戲活動裡。

照顧者與嬰幼兒之間的情感空間

　　在雙人搭檔之間（照顧者和嬰幼兒）的「氣泡」或是心理空間中（Stern, 1977, p. 29）所形成的行動以及物件皆有其特殊的意義。當 Linda 必須將物件

帶進這個空間內時，她是以相當小心的態度將物件拿到 Hannah 的視線範圍內。Linda 一次又一次緩慢地重複自己的動作，她依據 Hannah 觀看及「追蹤」物件的能力，仔細調整自己的速度和位置來配合 Hannah。Piaget 認為，在嬰幼兒可以和另一個人溝通之前，他們對物件和空間必須有某種程度的瞭解才行。然而，Trevarthen 卻持相反意見；他認為操控物件應該是嬰幼兒與外界溝通的結果（而非原因）。換言之，嬰幼兒對物件和其動作的看法和感受方式，可能是來自於他們和重要他人之間的互動模式（Vygotsky, 1986）。這可說明情感和表達的特質已經深植在掌控物件的能力中。漸漸地，人際溝通的行為在時空中形成有系統的結構，進而成為大家所熟知的遊戲。舉例說明，Joel 在他的女兒Keira（我的孫女）六個月大時和她玩「躲貓貓」的遊戲。在此，遊戲的元素是躲藏、消失與再度出現，這些元素在一年後，成為她畫畫以及符號遊戲（symbolic play）的基礎：

Keira 躺在沙發上，Joel 稍微（以二十度角）撐著 Keira 的背，他坐在她的旁邊。Keira 正抱著一顆紫色氣球，她用雙手捧著氣球，兩個手掌緊貼著氣球的兩旁，並將它拉近自己的臉，Joel 也抓著氣球讓它保持定位，他的頭躲在氣球的另一端，輕聲喊著：「Keira。」她知道這個遊戲。她甚至往上看向氣球的上端，期待 Joel 的臉出現在那裡。接著，Joel 將氣球慢慢地往下拉離開 Keira，然後他的目光越過氣球頂端，說：「喵！」當氣球被拉開 Keira 時，她的目光短暫地追隨它往下移動，但她的頭很快地往後傾斜，向上看著逐漸出現在氣球頂端的 Joel（見圖 7）。她露出開心的笑容。他做了第二次，在第二次時，她變得十分感興趣，還主動將自己藏在氣球後面（而不僅只是讓自己被動地被遮起來），並將氣球拉向自己。她靠著氣球輕聲地發出嗚嗚聲，她張大嘴巴貼著氣球，Joel 就在氣球的另一頭，她甚至抬高頭，目視氣球的頂端，期待他出現在那裡。她踢著雙腳，開心地發出咯咯的尖叫聲，她變得更興奮了。他再次出現在氣球頂端，說：「喵！」她往上看著他，睜大雙眼，咧嘴笑著。到了第四回，當她躲在氣球後面時，她已經興奮地踢著雙腳。在接下來三次之間，當Keira 等待 Joel 出現的期間，她氣喘吁吁，咯咯大笑，笑聲越來越大。在第八次「躲貓貓」後，她開始激動地踢動雙腿。第九回，Joel 將頭移到氣球底部。雖然 Keira 似乎沒有顯得很驚訝，反而很快就調整自己的目光，但（也許具有

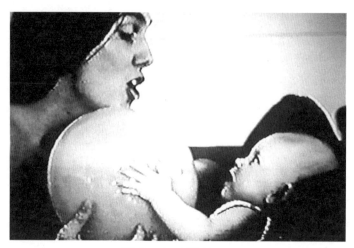

圖 7　Joel 和 Keira

某種意義）她並沒有笑得像先前那麼開心。當下一次 Joel 出現在氣球底端時，她已有心理準備，並立刻將目光移到下方。再經過七次「躲貓貓」的遊戲後，當 Joel 再次出現在氣球頂端時，事實上 Keira 是在大笑。這個遊戲又持續了十七次，Keira 笑得十分歇斯底里，甚至到了遊戲尾聲時，可以感到有些緊張的氣氛。

分析和討論

　　Keira 會預期 Joel 要做什麼，她為遊戲準備好自己，她也協助 Joel 將氣球移到正確的位置。她表現出她瞭解「時間點」是這個遊戲的必備條件。在遊戲過程中，Joel 因為和我說話而停頓了遊戲，並將氣球稍微移開 Keira 時，她竟然用雙手抓住氣球兩旁，並把它抓回原位。她不只是幫忙將氣球放在適當的位置（更微妙的跡象顯示她對此遊戲的瞭解是，氣球需要完全遮住自己看向 Joel 的視線），而且她還將目光移到下面，盯著氣球看，預備好自己看到 Joel 時的驚喜，她主動參與製造出懸而未決的興奮氣氛。Joel 則是將遊戲發展到 Keira 的興奮極限。Joel 能辦到這點是因為他們倆人非常親密且相當瞭解彼此。如果是陌生人企圖和 Keira 玩同一項遊戲，她可能會感到相當不愉快。

　　線畫和繪畫發展始於照顧者和孩童之間所形成的這種安全空間內。成人詮釋和回應孩童的所做所為，對孩童早期的再現和表達發展極具關鍵性。語言很明顯是再現和表達的形式之一，而照顧者回應孩童時說話的方式（在每個層面）也同樣會影響他們的發展。Joel 和 Keira 的互動並沒有異於常人之處，大多數的成人（特別是父母親）似乎喜歡和嬰兒對話，而且大部分的嬰兒似乎也有能力回應成人。在這章節後半段將會討論幼兒照顧和教育的重要含意。

　　嬰兒和照顧者對話中的時間點、速度節奏和抑揚頓挫等，在日後的遊戲中會形成一種動力模式。從這些遊戲中，再現和表達的行為會以有形的素材被建構起來。Condon（1975）的研究結果顯示，對著嬰兒說話能使他們身體動起來。嬰兒的雙手、雙腳以及臉部所產生的突發動作都和父母親說話的語調有關聯。如果有人在嬰孩視線範圍內移動東西，也會使嬰孩產生突發性的動作。或許這是因為成人會將人類模式的動作（human-type actions）加諸在物件上。Martin Richards 和同事合作的實驗結果發現，嬰幼兒對鋼珠演示出來的不同動作（例如，忽動忽停和無規律的動作，以及可預料、規律和機械式的動作）會有不同的反應。Richards 認為不規律的動作可能和人類的動作相似，所以嬰幼兒對它們特別感興趣（Richards, 1980）。此外，照顧者和嬰孩在兩人的人際空間內移動物件，使物件產生動作並在視覺上產生轉變（譯註：例如當物件被移動時，我們可能會看到物件的不同面相）。在此過程中，人類透過動作將情緒轉移到物件上，使得物件的動作及外形變化具有情緒意義，以及早期再現的價值。

　　從 Hannah 幾週大時所拍攝和錄影的觀察紀錄顯示，她十分熱衷參與發生在自己和照顧者的安全空間內的事件。Hannah 四天大時，大概無法看清楚距離自己二十至七十公分以外的事物，這時她比較喜歡觀看靠近臉的事物。但即使這只是個小範圍的空間，在此發生的所有事情對她卻都非常具有影響力，特別是涉及她自己的四肢動作及照顧者的手、臂膀和臉部動作的特寫等有關事件。此外，任何她看得到、也可能搆得著的東西也同樣會影響她（Eliot, 1999）。

　　當我彎腰看著躺著的 Hannah 時，她有節奏地對我手舞足蹈。她的雙臂交替，畫出近似圓弧的動作，每一個動作都像游泳動作中的自由式。Gesell

42

（1946）與 Thelen 和 Smith（1994）等其他學者也觀察到這些動作。嬰孩會做出某些涉及手、腳、手指及臉部肌肉的動作來回應成人的話語或注意力，也許這種身體動作的表達方式和早期的線畫動作，都是根據同樣的語言要素。所有的再現形式（如圖畫、文字或是口語的）可能都具備相同基本的身體動作（All-ott, 2001）。

　　手指通常會做出複雜且細緻的搖擺動作，同樣的動作也會出現在幼童開始畫畫時。我們將會探討早期線畫和繪畫會牽涉到許多其他的動作，而非只有作畫的手部動作而已。線畫動作可在嬰兒的動作中發現到，這些畫畫動作就好像人們和別人說話時也會運用手和臂膀的姿勢及和臉部表情一樣。有時，孩童好像在表演一則故事、事件或是圖像。然而，除了作畫的手部動作本身外，研究兒童畫圖的學者通常會忽略孩童其他的動作，他們認為它們（其他的動作）與畫畫無關，甚至會干擾正確的作畫。可是，這種看待線畫和繪畫的狹隘且簡化的觀點並不正確，線畫行為可從過去出現在嬰幼兒時期的其他動作中發現到。最早的線畫動作是建立在早期示意性的身體動作中，而這些動作被賦予情感和表達的方式和管道。因此，兒童早期的圖畫是運用某種已具有歷史的標記符號工具所完成的。就發展而言，找出「真正」線畫確切始於何時是毫無意義的事。

　　遊戲的同伴會模仿和擴展彼此的動作。或許令人吃驚的是，嬰幼兒能準確掌握極佳的時間點和他們的夥伴交換彼此的動作。嬰幼兒並不只在模仿別人的行為動作；相反地，他們在帶動遊戲及控制它的張力和時間長度上，都扮演著極為重要的角色。到了兩歲左右，Hanah 在雙人遊戲中是那個帶動遊戲的人，而這些遊戲涉及了手部動作、踏步或單手拍擊等具有節奏模式的活動。

　　稍後，我們會看到 Hannah 是如何發展這些遊戲。到了兩歲時，這些遊戲也出現在畫畫的過程中。這是一個合作良好且富節奏順序的畫畫活動。在這過程中，她媽媽（Linda）一直敏銳地支持和鼓勵她。

43

　　從 Hannah 和她媽媽的錄影帶中可發現，遊戲一旦開始之後，有時很難辨別誰才是遊戲的領導者，誰又是附和者。一位心思敏銳的父母親會模仿、重複和擴展孩子的細微動作，並以此回應他們。在某個程度上，成人對嬰孩的動作會進行「實際註解」（commentary）（Harris, 1989, p. 22）。對話是由聲音、臉部表情及姿勢組合而成。

嬰幼兒與動作

　　嬰幼兒有能力創造出屬於自己的動作，這對他們的知覺和理解力的發展是十分重要的。即使嬰兒的動作在一開始可能看似不受控制，但他們仍會從動作中獲得周遭環境及自身與環境關係的知覺回饋。嬰兒開始會去注意自己的動作。在十四天大時，Hannah 的眼目捕捉到自己的拳頭從眼前揮過。她目光追隨拳頭路線的樣子，就好像她在看其他會動的物體一樣。這可能是因為最初 Hannah 並沒有意識到那個拳頭是自己的，因為她尚未覺察到她可以引發自己的身體活動。領悟自己的動作及它們所造成的影響之間的關係，是日後表達和再現的基礎。

　　不久，嬰兒便能移動自己的手臂、手指以及腿。他們移動自己四肢的模樣，就好像他們只是在研究這些動作似的。舉例來說，Hanah 兩個月大時，將一隻手放在眼前，緩慢地來回轉動它，她非常專注地研究它。這不再像是她不小心注意到快速掠過她眼前的拳頭，現在她有能力將手穩穩地保持在眼前，以便移動和觀看它。她將手伸到離身體最遠的地方，然後優雅地搧動手指。她好像正在分解自己的動作，並同時分析它們。她也用手掌敲擊物體表面，然後將手放在眼前，並充滿興趣地望著它（Bower, 1974, 1982; White, Castle and Held, 1964; Thelen and Smith, 1994; Thelen et al., 2000）。

　　有三種基本的手部和臂部動作對 Hannah 開始畫畫很有幫助。這些行動源自於骨骼和肌肉結構中最自然的擺盪和搖動（Smith, 1983）。我稱它們為**垂直弧線**（**vertical arc**）、**水平弧線**（**horizontal arc**）以及**推拉**（**push-pull**）動作（Matthews, 1983; 1984; 1999）（見圖 4、5 和 6）。每種動作的發展方式都是錯綜複雜的。雖然我們可以分開討論每種動作的發展，但重要的是能瞭解它們皆來自同一個體系，而且它們彼此相互影響。

　　無論何時，當嬰兒移動和協調身體的動作、觸碰以及視覺知覺時，知覺製圖機制便會應聲啟動、運轉。歷經一段時間後，這些不同的系統會彼此聯繫起來（結合在一起），並提供嬰兒有關周遭環境及自己和環境的「知識」。如我們所知，嬰孩對於東西在哪裡、東西是什麼，及它們是如何從某處移至另一處

44

等相關主題十分感興趣。他們也會試圖將自己感興趣的物件保持在視線範圍內，並向它們靠近。嘗試將物件保持在視線內，可以幫助他們訓練視覺追蹤的能力，就像孩童在環境中做出來的其他動作一樣，伸向物體和試圖抓住它們的行為會引發更深層且更多的探索機會。這些探索機會則需要具備新的運動神經技巧。這些新的運動神經動作會繼而開啟更進一步的互動可能性，這則需要量身訂製更多的技巧以因應之，以此類推。如此一來，這將會形成一個互動迴路（a loop of interaction）。在此迴路中，孩童在某個情境中所發現的一切，將會引發自己與世界新的互動方法。

嬰兒能做出各種揮動、搧動及拍擊的動作（有上、下、左、右等類型）。漸漸地，嬰孩學會控制自己的肌肉扭力（自然、彈性的肌肉和骨骼系統的張力往往能將身體支撐在某些位置上）和抵消地心引力作用，以便可以隨手取得就近且有趣的物件。孩童會將行動區分為不同的概括性類別，這些分類在接觸物件、探究物體表面及作為溝通姿勢上，都將成為有用且多功能的行動策略。

以下是三種對 Hannah 開始畫畫很有幫助的動作：即垂直弧線、水平弧線以及推拉等動作（Matthews, 1983; 1984; 1994; 1999; 2004）。

垂直弧線動作

垂直弧線動作與嬰兒把物件或人當成目標的方式有關聯。Hannah 十六天大時，有個彩色的立方體出現在她的視線內，她用向下繞圈的動作向那個立方體揮擊，她也是用同樣的方式對待目標人物。幾天後，當 Joel 接近和她玩時，Hannah 興奮地笑著，她興奮地用垂直弧線動作朝他揮擊。這些早期的動作被運用在不同的情境中，但都是同等重要的。例如，嬰兒用打擊動作測試和探究物件和它的表面，而且他們也會伸向人們，有些伸出的動作被調整為向別人指出物體位置的開端或初始動作，它也可能出現在嬰兒看到重要他人出現之時。垂直弧線動作可能被用在涉及手或／和腳的踩踏或拍打的動作中，往後（如同在第一章中所觀察到 Ben 的行為動作一樣）這個動作可能會和標記符號工具一起運用在畫圓點或斑點上。

在此，有些教導的重要含意與可能促進孩童發展及學習的類型和特性有

關，在本章後半段將會探討此部分。因為這些早期動作被運用在溝通及物件掌控中，所以動作本身會夾帶豐富的情緒。當它們被應用在線畫和繪畫時，這將會影響孩童往後的生活。

 ## 水平弧線動作

　　隨著垂直和水平弧線動作的發展，以及這兩者成為基本的標記符號動作時，它們會相互彼此影響。水平弧線動作在出生後兩個月間發展得相當迅速；就如同垂直弧線動作一樣，嬰兒對著物體揮擊及向外伸展和抓握等動作，都是他們反應出自己看到熟人時的興奮感。有時候，這看起來像是擁抱的開頭動作。但水平弧線動作真正開始發展成為表達和再現的行動策略，其實是在嬰兒可以被撐坐起來，並可伸向水平表面的時候。以 Hannah 為例，這發生在她三個月大的時候，她用它做出搧動或抹擦的動作，通常做在橫越平滑的水平表面上，她也在胸前來回做出半圓弧的動作，這個早期形成的動作成為 Ben 在兩歲一個月大時，用畫筆開始作畫的方法（已在第一章討論過）。

　　下述的觀察資料是從 Hannah 慢動作的記錄片中截取出來：Hannah 三個月大時，坐在餐桌前的小椅子上，她的手橫掃過餐桌，伸手去拿一個木製的波浪鼓。有時，她用這個水平弧線動作將波浪鼓敲打在地上。

　　Hannah 正開始累積和擴增自己的知識，這些知識與物件和放置它們的表面之間的關係以及她自己的動作有關。她發現一項有趣的現象，即物件可以沿著水平面滑動，一路散開，並撒落掉離水平面。從這項動作中，她學習到如何運用水平弧線動作，她發現自己也可以聚集和拿取物件。當然，有時物件散得太開以致於即使可以從不同角度看到它們卻無法碰觸到它們；有時它們散落到視線範圍外，因而無法被找到。這些認知將會被她整合在一起，並建立起一個涉及物件的動作、形狀和位置，以及自己與它們之間的關係等更廣泛的理解力。許多類型的藝術就是因著這些理解而產生出來。

　　通常當父母親拿物件給小嬰兒時，會將它們拿到嬰兒的胸前附近的位置。當物件擺動在這個「熱門位置」（hot-spot）時（Gray, 1978, p.168），嬰兒會看著它，又看著自己的雙手，然後雙手會從兩側逼近這個物件。在 Hannah 三

46

個月又四天大時,她躺著,有個物件懸擺在她的胸前,她的手便伸向這個「熱門位置」的中心。十九天後,她以三種方式來呈現水平和垂直弧線動作:

- 碰觸物件
- 聚集物件
- 分散物件

特別是 Hannah 發展出一種全功能的向下襲擊動作,她興致勃勃且活力充沛地將這動作應用在各種物件和表面上。Hannah 視物件的位置不斷修正自己的動作。我們可以看到她將自己的身體當成地標(landmark),這幫助她控制手和臂膀的自然擺動和戳刺的動作;然而,要做到控制這些動作是需要將這些動作和她的中心「熱門位置」相連結,這需要相當大的專注力。有時,她試圖在胸前控制雙手接觸的方式,使它們可以交錯相握,她偶爾也會設法握住想要的物件,當她成功時,她很明顯從中得到很大的樂趣。

之後,我們會探討像物件的位置和身體部位等「地標」是如何協調一致,並開始在早期的線畫和繪畫上扮演重要的角色。

推拉動作

這一組三項標記符號動作的最後一項為推拉動作,在發展這項動作的同時,嬰兒必須有抓握物件的能力,這通常要等嬰兒四個月大後才會發展成形。為了能握住鉛筆或畫筆等工具來畫畫,嬰幼兒必須能區分伸手和抓握的不同。

這意謂著(在仔細探討「推拉動作」之前)有必要先瞭解嬰兒是如何發展伸手和抓握的技巧。

伸出手和抓握

根據新的研究報告指出,伸手和抓握在特定的狀況下是一種複式系統的多重模式組合(Thelen and Smith, 1994; Thelen et al., 2000),從嬰兒已經學會的

動作中可發現「伸手」動作。有許多方法可以抓握住物件，但嬰兒會從他們個別的能力中挑選、運用一種行動模式，如同所有的行動，這對發展和學習有極大的重要性。我們可再次發現，雖然發展在某種程度上似乎是可預期且有次序的（大約在相同的年齡會具備某種技能），但每種發展歷程的方式卻相當個別化。以伸手和抓握為例，即使嬰兒最後都會在大約相同年齡做到這些動作（伸向物件和抓取物件），但達成這結果的途徑卻不盡相同。每個孩童的發展歷程都是獨特的，因為每個孩童的肌肉和骨骼架構都是獨特的，而且這些身體系統和外在世界互動的方式也不同。每個孩童為了學得技能會自行尋找獨特的解決方式，而這與成人提供和支持他們的學習經驗之方式有很大的關係。

嬰孩努力嘗試去分析和改正自己的動作。先前我們已經探討他們尋得自己的動作，並且覺得這些結果很有趣。下述則是另一個例子。

兩歲九天大的 Hannah 正靜靜地躺在床上，她的身邊沒有任何物件。她重複做出伸手和抓握的動作，同時聚精會神地看著自己的手。她將手握成拳頭，拉到眼前一會兒，然後仔細觀察它，手肘彎曲在這個位置，然後，她做出舉手過肩的弧線動作，將拳頭拉離身體，直到完全伸直手臂為止，同時優雅地張開和閉合手指。她全神貫注地重複這個動作多次。在沒有物件的情況下，Hannah 分別重複做出伸手和抓握的動作。她將行動劃分成小片段的次序，就好像在研究它們，並想要完全瞭解和熟練這些小動作般。我們會再三看到這個仔細監控和調整行動的動作。

在 Hannah 約四個月大時所錄製的慢動作影片，顯示了她發展和分析撿起和握住物件等技巧的過程。從慢動作的影片中，我們看到她在動作進行一半時，會配合目標物件的形狀來調整手指和手掌的位置。這個「在動作中」修正（'in-flight' correction）的能力是非常重要的成就（Bower, 1974, 1982, p. 175）。Hannah 正在練習、分析和整合自己觀看、伸手和抓握等三種動作模式。這是使用鉛筆和畫筆等工具的基本技能，它們對於日後繪畫和線畫很有幫助。

48

在繪畫中運用水平弧線和推拉動作

從先前觀察結果顯示，當 Ben 畫畫時，會結合水平弧線、垂直弧線和推拉

等動作。他開始作畫時是用水平弧線動作，前後來回移動畫筆，接著很快改成推拉動作。就像做水平弧線動作一樣，他的臂膀和手需要能做出平面動作（通常是水平面的），才有辦法做出推拉動作。因為推拉動作涉及肘關節的運用，所以 Ben 必須能調整自己的動作。將東西放在平面上或拿取它時，我們通常會運用到推拉動作，例如 Ben 將水彩筆和顏料放在桌上的畫紙上。當物件被拿在手裡或操弄把玩時，推拉動作就會結合垂直和水平弧線動作，進而形成這三項一組的早期繪圖動作。因此，推拉動作是較先進且發展較晚的動作。

Hannah 大約三個月大時，她正在學習如何在平坦、光滑的水平面上沿著表面推動和拉動物件。我們此時才在她的動作中看到推拉動作。到了三個月又四天時，她拿著碗，雙手握在最靠近自己的邊緣部分，然後沿著桌面將它來回拉近和推離自己，這些動作都是突然且快速產生的。接下來幾個月中，她學著辨別「推」和「拉」的不同，並瞭解它們各自重要的用途。例如，在十三天後，她即可隨意決定要將碗拉近或推離自己。

因為孩童對自己的動作所產生的效果感到很有趣，所以他們會重複並研發這些動作，他們會把不同的動作和物件搭配在一起。實際上，嬰孩的抉擇是以自身的興趣為主。例如，推拉動作運用在有輪子的玩具上，能產生最佳的效果。到了五個月大時，Hannah 在地上將一隻木製有輪子的玩具狗重複來回推開和拉向自己。

49

在結束作畫前，Ben 以垂直弧線動作不斷向下點觸，進而在藍色封閉或完整的區塊上（Ben 在演出「車子以似橢圓路徑行駛」的戲碼時，所畫出來的圖形）畫出紅點。最後，他用激烈的擦抹動作（水平弧線）將這個圖像覆蓋住。這為他的繪畫事件畫上了句點。

☀ 摘要

自出生後，嬰兒為了探究物件和表面，他們會開始創造出不同群組的行動策略。為了達到不同的效果，他們開始逐步發展出伸手和抓握、揮擊和搧動等動作，數個月後，他們學會修正這些行動來適應不同的需求。這還不足以闡明這項物件掌控的發展過程，因為嬰兒是從表達方式的層面將行動組織成動作順

序。這表達的形式會發生在嬰兒獨處時，但特別會發生在人際互動的情境當中。嬰兒和人們嬉戲互動時，運用動作的目的是為了要與他人溝通，這表示嬰兒的行動是具備各種情感的價值。動作在嬰兒和成人偕同相伴的活動中被賦予其意義。最近有些研究結果指出，嬰兒的姿勢也是一種語言，而且是其他再現形式（包括書寫、講話和繪圖）的基礎。這類的語言（嬰兒的姿勢）並不是制訂、約定成俗的標誌系統（an arbitrary system of signs），而是和其他再現形式一樣（包括線畫）建基於身體動作上。這種身體動作已經可以明確表達語法和語義。換言之，這個肢體動作早已具有其組織和意義了。這是與傳統的觀點相悖。傳統的看法則是成功達成畫圖活動（與書寫和講話）是要把最初毫無組織的身體訓練成制訂、約訂成俗的標誌組或系統。根據這種傳統的派別，只有經由「受校正」的過程中犧牲或放棄本質是隨意無拘束的行動時，這些動作才會具有其意義。

繪畫和線畫的開端

標記行動的萌芽期之概念會呈現出與傳統理論的「塗鴉階段」迥然不同的東西。在標記行動的萌芽期中，孩童埋頭致力於探究視覺和動力結構本身，同時又能敏銳洞察標記符號的表達和再現的可能性。在此，**遊戲**的概念是非常重要的，因為它是主要的機制。在此機制中，孩童可以暫時將其行動和物件從拘謹的適應（adaptation）中解放出來，並且可以將探究過程本身當成是個有趣的實體，而且這個過程值得一再被重複。這些早期的視覺和感覺的經驗，模塑了發展初期的思維（Eliot, 1999）。如果你仔細想想，這個辯論點並不在於有多少活動對智能發展有幫助，也不在於「藝術」在教育中是否重要。這些都是荒誕不經的問題，因為智力本身就是建基在被我們簡略稱為「兒童藝術」之上。

50

繪畫和線畫的開端

 ## 三度空間：物件與人

　　在第二章中，我們瞭解到嬰兒發展和學習的過程不是被動的，他們主動探索環境，並找出對自己有幫助的經驗。我們已經看到嬰孩如何針對所有的物件及其外表創造出一組或同類型的策略進行探究，這興趣是始於出生。受到物體本身及探究行動（伸手抓握或是揮擊搧動等行動）的影響，會產生不同的結果。探究對象的範圍極為廣泛，包括立體造型的物件；當被踢到或撞擊時，物件可能會滾動或翻落，甚至掉落而粉碎一地。嬰孩的這些探究行為，自始至終都是根據狀況而調整自己的行動。Piaget 稱這個過程為**調適**（**accommodation**）。舉例而言，Hannah學習如何拉回並抓穩已經翻覆的玩具，然後將其擺正。另一個解釋則認為，新的經驗會形成新的「誘因系統」。這個系統會覆蓋先前系統所提供的資訊，然後將資訊進行整合，再形成另一種嶄新、動態的知識類型。

二度空間

　　嬰孩也會探究其他看起來不太像立體的物件，包括平放在平面上的扁平物體。我們可以看到嬰孩在研究如何刮除物料上的小點或污漬。他們能以令人驚訝的熟練程度，將像毛髮般細微的物體挑揀出來。嬰孩用這種方法得到了許多物件表面、界限和數量等相關的知識。當然，這只會發生在嬰孩有主動探索的

機會。嬰兒趴臥時，學會翻滾、抬頭；學習這些行為動作所獲得的新技能，成為發展日後新的一般知覺和行動的可能性之開端。

自發性和自我引導的動作（self-initiated and self-directed movement），能在環境中提供嬰兒有關物體和事件結構的重要訊息。當動作擴展（藉由爬行和爾後的學步）時，就字義和比喻上來說，即是新展望的開始。而且這些新的展望隨即會提供與環境及在其中所發現的物件或發生的事件有關的發展機會。

那些嬰孩可以看到卻無法親自獲取的事物，也會吸引他們的注意力，包括圖畫在內。Bower（1974, 1982）主張孩童不會被圖畫所蒙蔽，而事實也的確如此，他們不會表現得好像這些在圖畫中的物體是真實的。但從我的觀察結果顯示，嬰孩伸向平面（二度空間的）圖像的樣子，就像是要去抓住它們。我推測，雖然他們瞭解這些東西是無法被自己抓握住，但他們還是會不由自主地用自己已成型的行為模式去探索圖畫的特徵。我在研究中發現，嬰孩在抓或刮圖畫的邊緣後，發現它們並沒有實質的改變時，他們會將手移開至書或是圖畫的邊緣，好像要找出物件真正的界線所在。

第一張圖畫

Joel 在六個月大後，有一次趴在紫色的地毯上。他在地毯上吐了一些牛奶，這在地毯上便形成鮮明對比的白色圓形區塊。他將手指伸進這個令人無法抗拒的視覺景象中，然後做出刮的動作（a scratching movement）。他聽見自己的手指刮進地毯裡的聲音，似乎對於自己造成的這一切改變感到相當有趣。

Hannah 和 Ben 也會去刮動一灘灘溢出來的牛奶，並且試圖找出每灘區塊的邊緣及界線。像這樣的行為可能對某些人來說是無關緊要的（或者可能會引起噁心的感覺），可是這裡蘊藏著許多值得注意的概念。例如，Joel 已經修改了自己的動作，當他發現自己無法抓住牛奶時，他就將抓握的動作修改為刮的動作。

當嬰孩開始做出刮的動作時，我們就可以看到牛奶留下的痕跡。嬰孩使用像顏料之類的標記符號的物質的情況是獨一無二的。在此情境中，Joel 採用的物質是牛奶！牛奶為嬰孩的行動留下了紀錄。嬰孩意識到自己能在環境中製造

變化。

　　事實上，當行動（例如，為了抓住一項物件而展開的行為）的結果造成一
個全新的視覺現象時，就會創造出另一個發展的方向。這同時也造成了視覺的
表達和再現。因此，最初的動作原是為了調適或配合物件本身，後來形成了為
表達的目的而發展出新的動作型態。

　　此外，繪畫和線畫的萌芽期在嬰孩的生命中占有特殊的地位，它提供嬰孩
有關其自身動作在空間中所持有的特性之訊息。這些訊息並非稍縱即逝，而是
持久的。起初，當嬰孩藉由畫畫動作在空間中留下痕跡時，這呈現出最初物件
掌控行動的一種視覺引導。但這不僅如此而已，因為這些行為動作造成前所未
有的結果，以致於它們得以開展出全新的發展途徑。這提供嬰孩很棒的表達機
會。事實上，嬰孩會察覺到存在於他們所做的動作及伴隨的情緒，與隨之產生
的痕跡或結果，這三者之間的關係。

　　我們可由觀察 Hannah 和 Ben 所得的結果得知，他們正開始形塑這樣的關
係：他們瞭解到動作是會留下符號痕跡（nark）的。Ben 接著得知一個事實，
即他所留下的符號痕跡的特性或其確切的形狀，是來自於一些要素的組合；而
這些要素包含了動作的特性，及使用的方法或媒介物的可能性（和其限制
性）。例如，當我們在容易濺開的牛奶和黏稠的顏料中做同樣的行動時，我們
會有不同的感受，而且相同的動作在這兩種液體中產生的效果看起來也不一
樣。縱使運用同一種工具，可能也會產生千百種的效果。嬰孩會開始依照看到
的符號痕跡的狀況，去引導或影響自己的畫畫行為。就是這種明顯的回饋（fe-
edback）（這是線畫和繪畫的特性）協助嬰孩以不同的方式組合不同的動作，
這個過程最後會讓嬰孩有意識地畫出不同的形狀。

動作產生符號痕跡的領悟

　　起初嬰孩以雙手（有時是雙腳）運用不同的液體，創造出符號痕跡。大約
在同一時期（或許是八個月大左右），嬰兒可能會在物體表面潑灑東西，造成
有趣的效果。這些東西是不同種類的標記符號工具（mark-making instru-
ments）。Michotte（1963, p. 289）將沿著灑落物所經過的表面遺留下的符號痕

跡稱為「標記痕跡的效果」（trace-making effects）。嬰兒會仔細看著這些工具的尾端，並且覺察到標記物（marker）的哪個動作觸碰到「符號痕跡接受物」的表面（mark-receiving surface），以及接觸的位置在哪裡，還有在表面所造成的趣味效果為何？他們會用標記物與表面之間的關係以及不同的動作，來確認痕跡是如何產生的（Smith, 1983; Matthews, 1999）。有時，嬰孩會滑動鉛筆或把筆端按壓在表面上。嬰孩會對憑空捏造出來以及用繪畫工具畫出來的符號痕跡產生極大的興趣。

嬰孩已經具備最基本的線畫知識，也就是一個動作產生一個符號痕跡。不久，嬰孩就會開始領會到不同的行動會造成不同的效果。起初，嬰孩在早期探究和分析物件時，會找出其狀態和外形，以及是什麼造成物件的移動。隨後所產生的符號痕跡的結構和動作也會成為他們所探究和分析的目標。

剛開始，顏料是被拿來拍打、塗抹、踩踏和坐的！Ben在一歲四個月時，坐在地上，用畫筆畫地板及全身上下（Matthews, 1983）。就某種程度而言，作畫的第一個大致位置或目標都是從自己的身體開始。然而，繪畫和線畫的開始並非只是反應身體行動的特性而已，畫筆讓蹣跚學步的幼童修正並改變自己的行為動作。畫筆要畫的表面對幼童也有相同的影響力。物件（立體的）要與表面（平面的）接觸，並在上面製造出符號痕跡（平面的），這是需要具協調性的線畫行動；但有些幼童在一歲左右便可以自行修正這些行動了。

🌑 水平弧線動作

Joel十三個月大時就已經學走路了。他喜歡把奶瓶帶著走。然而，協調並整合這兩個新動作並不容易，因此他經常打翻牛奶。有次，牛奶灑落在光亮、平滑的水泥地上，Joel流著口水，極感興趣地看著地板上那個白色圖形，然後他將右手伸進奶瓶，再用水平弧線動作開始塗抹它，另一隻手很快也加入這個遊戲中。他的雙手同步以相反方向滑動，做出扇形動作，兩手在中間相碰，直到動作變得不協調為止。他用這種方法在灑落的牛奶上製造出兩個扇面的圓形（見圖8、9和10）。

更重要的是，我們必須瞭解 Joel 新學成的走路技巧本身（在字義或隱喻上），已經為他開啟了新的前景。像這樣的成就所代表的不僅是幼童的能力，

圖8　Joel打翻了杯
　　中的牛奶

圖9　將手伸進打翻
　　的牛奶中

圖10　他用雙手在牛奶裡製造出水平弧線

更表明了幼童與外在世界關係的改變（Costall, 1992, personal communication）。它同時也證明了自我移動（self-locomotion）的重要性，並顯示出知覺、認知以及行動等三項成就之間相互關係的體系，這些相互關聯的體系是受到自發性和自我引導的動作驅使促成的。每項新的成就會開啟新的動作次序，並且與新發展的方法同步進行。除了走路之外，Joel現在可以走到其視力範圍內較遠處的物件，而且可以彎腰去研究它們，或將它們撿起來，也可坐下來操弄把玩它們。知覺發展的戲劇性變化，就是發生在發展事件的片刻中。舉例來說，當我的孫女Poppy不再局限於平躺或俯臥，而是有辦法坐正時，就在那一刻，她的視野和視覺發展就產生巨大的改變，而且隨時都會有更進一步的發展。這些發展包含：以視覺感官對周遭環境進行搜尋，以及學習如何伸手拿取物件等等。

Joel 開始畫線畫和繪畫

我先前提及有許多研究報告過分強調幼兒時期繪畫的顯著「偶發」（accidental）特性。Joel 在十三個月大時，對牛奶所做出的水平弧線動作絕非偶發事件。他已歷經努力嘗試去掌握的階段，現在他可以在不同的場合中做出相同的行為動作。當他一旦可以掌控行動時，他就必須做出調整，這是因為新的情境會立刻要求他對符號痕跡做出必要的修正。

以下是極佳的例子：在三個禮拜後，Joel用橘色水彩筆，在我工作室的地板上畫出一個水平弧線的痕跡。之前，他用手掌畫出弧狀物，而現在因為他改用畫筆而非手掌作畫，所以他正在擴展或「進一步闡發」自己先前的行動〔借用 Jerome Bruner's（1964）的詞彙〕。他嘗試用畫筆做出所有可能的動作，進而瞭解其可能性。首先，他屈膝蹲著，以弧線動作揮舞著畫筆，使得顏料如水滴般四散飛去。從影片觀察可看到，Joel仔細看著顏料滴落在地板上所呈現出來的弧狀痕跡。或許他覺得這個姿勢不夠穩，所以站了起來。這似乎引發了不同的動作：他用畫筆在空中強而有力地戳刺著。這是垂直弧線的版本，畫筆這次面對的目標是空間，而非平面。於是，顏料像瀑布般再次滴落到地板上。這絕不是偶發的；Joel知道自己在做什麼。他知道牛奶可以從搖動的杯口噴射出

來，並且把這項知識套用在畫筆和顏料上。從我詳細的觀察記錄中顯示，Joel 從一切可能性中選擇唯一可能的表達動作。Joel 知道何時及如何使用畫筆，以及它可能產生的效果（見圖 11～16）。

　　大約在十三至十四個月大時，Joel 不斷重複做出垂直和水平弧線方向的動作。因為我們知道此時的 Joel 可有許多種的選擇，所以我們可以十分確定，當他將手伸入牛奶中或把畫筆塗抹在地板上時，他是為了做出那個動作才會這麼做的。

 ## 理由而非結果取向

　　確實在許多案例中（特別是當滴落或潑灑顏料時），我們無法事先得知顏料之確切特性，以及它們會灑落的位置。但更重要的是，**孩童也知道這個道理**。例如，從早先潑灑出來的液體中（如牛奶），Joel 已經學會了這個技巧。現在他製造出一個情境，就是為了得到一些偶發或機會的效果（chance results）。當他仔細觀察這些效果時，就會得知更多、更深層的表達性行動的可能性。在此，我提出一個非常不同於傳統發展的概念：即「機會」（chance）和「偶發事件」（accident）的概念。我們一般稱為機會或偶發事件，是指由孩童本身、孩童的意圖，以及這些意圖對這世界所造成的影響等三者之間的複雜互動產生結果的一部分。

 ## 摘要

　　在一、兩歲時，幼童建構出與這個世界及出現在其中的物體和事件有關的知識。他們獲得這些知識的主要方法是靠著在環境中進行自發性和自我引導的動作。動作本身需要被視為是知覺的一種基本形式（Thelen and Smith, 1994; Thelen et al., 2000）。當幼童改變自己在環境中移動的方式時，他們對物件的形狀和形態以及事件的形成等知識，也會跟著改變。每項新的發現都會開啟多種的可能性，諸如此類。這並不是階段性的過程，而是一個流暢的連續體，而且每位幼童的發展歷程經驗都是獨一無二的。

圖 11　Joel 以抓握和
　　　　品嚐的方式測
　　　　試新的物件和
　　　　材料工具

圖 12　Joel 很快就發現顏料的符號標
　　　　記的可能性。他用手指畫自己
　　　　的身體

圖 13　Joel 試著把一支大畫筆放進一小罐
　　　　顏料瓶中。他正在探索內外關係

圖 14　Joel 發現如何使用畫筆

圖 15　Joel 用畫筆在地板上畫出一條水
　　　　平弧線

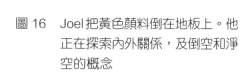

圖 16　Joel 把黃色顏料倒在地板上。他
　　　　正在探索內外關係，及倒空和淨
　　　　空的概念

這個發展的重點是幼童領悟到自己的行動會影響其周遭的世界，他們可以改變這世界。當幼童畫線畫時，他們最能體會到這點。只有透過線畫，幼童可獲取自己的動作紀錄。Anna Stetsenko 主張，線畫是孩童的符號系統（即符號和標誌，如書寫、數字和圖畫）的入門鎖鑰。這是因為在線畫中，孩童可以非常明顯地接受到 Vygotsky 所指的符號和標誌的雙重功能（the dual function of symbols and signs）；當符號只是個符號時，它同時可以象徵某種非常不同於它本身的事物。這是「雙重知識」（double knowledge）在基本符號和標誌的運用中的重要性質（Furth, 1969）。或許再也沒有其他的表達或／和再現的媒材可以這麼清楚地將「雙重知識」呈現出來。

在上述提及的觀察中，幼童就是處在此過程的萌芽階段。嬰孩開始理解到存在於某些動作和符號之間的關聯。這個發展的某部分之所以會產生，是因為幼童手中的鉛筆和畫筆產生突發性碰撞。藉由知覺系統的協調，即使是無法控制的動作也會記錄重要的視覺、姿勢、觸覺和運動感覺等多種訊息。這些訊息建立了一套持續且流暢的行動，這些動作則因為呈現出的事物而不斷被調整。

嬰孩看似故意去找尋偶發事件，並搜尋方法來產生新效果。這些領會是結合先前所發現的知識，再將這些發現形成更複雜的行動。這是介於行動、思考、感覺、意圖，以及它們對周遭環境的影響等之間的一項持續性「對話」，有時稱之為「辯證」關係（'dialectical' relationship）。

孩童天生就會對符號痕跡、動作本身以及其再現的可能性感興趣。孩童不會受到再現（呈現出來的形態）和其意義的影響，而交替變換自己對再現的關注以及視覺和動態的結構。換言之，他們可在有關圖像關係、視覺知覺與動力形態之間進行轉變及調整。他們可以「自由遊走」於自己所關注的事物間（Bruce, 1991）。Dennie Wolf（1989）認為，說話、動作和符號會彼此「交談」。有學者認為幼童在畫畫時，他們的行為是亂無章法。然而，這樣的說法在最近有了不同的見解。在此，這個表象的混亂掩蓋了實際上極富組織和模式的秩序。這就如同 Bruce（1991）對遊戲的陳述一般。當然，對幼兒照顧者和從事幼教工作者而言，如何在這混亂中辨別和啟發這個秩序是非常重要的事。

chapter 4

動作轉成形狀

 區分和結合動作和形狀

多數的幼童滿兩歲前就已經學會以不同的動作畫出不同的形狀。例如，在 Ben 一歲九個月大時就會運用不同的動作畫出對比的形狀。他將畫紙上的符號痕跡或是線條當成目標並加以運用。他通常會仔細分析這些符號痕跡或線條，然後畫出弧狀，或是以推拉方式畫過它們，要不然他就會在線條的前端或是尾端的周圍畫出小圓點或是塊狀（見圖 17）。對這個年齡以及更大的孩童而言，線條的兩端是非常重要的界標（Athey, 1990; Matthews, 1999）。Hannah 也在線條的兩端畫出密集的符號痕跡，或是把小圓點和潑灑的痕跡集聚在以弧線和推拉動作所產生的斜角周圍（見圖 18 和 19）。或許像這樣的結構就是形成人類視覺的基礎（Costall, 1993; 1995）。這或許也是為何嬰孩的目光會如此受到人類的臉部特徵吸引之原因吧（Bower, 1974, 1982; Thelen and Smith, 1994; Atkinson, 2002 forthcoming）。

圖 17　Ben 一歲九個月大時，做出截然不同的畫畫動作。色塊聚集在線條的尾端

圖 18 Hannah 兩歲兩個月大時將色塊或圓
　　　點集聚在線條的尾端

圖 19 Hannah 兩歲四個月大時將符號痕跡
　　　集聚在線條的兩端。她說：「我看見
　　　媽咪。」

62　　　　雖然新生兒的視覺對象是朦朧不清、誇大扭曲或是會移動，但嬰兒仍然對
臉部的特徵感興趣。他們也許會先看出臉部的大致輪廓，之後才會辨識出內部
的特徵，如嘴巴、眼睛和鼻子。他們會注意到光線和結構的對比程度，以及媽
媽的眼睛和其周圍形狀的變化。大約兩歲左右，在孩童能畫出封閉或完整的形
狀之後，他們便能在封閉形狀內畫出符號痕跡。

　　　Ben 和 Hannah 在畫紙和素描紙上看到的線條、形狀和顏色的訊息，「告
訴」他們有關這個世界的訊息。新的電腦視覺研究也支持這個觀點（Costall,
1993; 1995）。運用 John Willats 早期的拓樸幾何圖形的理論，才得以設計出模
仿畫孩童圖畫的電腦程式（Burton, 1997; Whale, 2002; Tormey and Whale,
2002）。

這次 Ben 回應（並且學會製造出）完全相反方向的線條。他喜歡畫過其他的線條，甚至將其劃分成兩半，進而製造出角度和線條。他喜歡將線條緊靠在圓點或色塊旁。當他畫線畫時，他的手部和臂膀會用水平弧線、推拉以及垂直弧線等三種基本動作。

形狀的族群

孩童會越來越喜愛畫出有角度和交叉的形狀（criss-cross shapes）。這些形狀通常早在一歲大時即可看出端倪，然後到了像 Ben、Joel 和 Hannah 一歲半的年齡時，就可以從他們的畫紙上明顯看到這些形狀了（見圖 20 和 21）。幼童在此年齡畫畫時，由於手會把畫筆拉回自己的身體，因此在做水平弧線動作時，方向會突然改變。這在圖畫中便形成了不同的形狀族群。孩童開始區分線條及形狀，並進行分類。這絕對可視為數學行為和對數學理解的萌芽階段。

圖 20　一歲半的 Joel 用刷子畫了一條線，並在這條線上做了九十度轉角（直角轉彎）的動作

圖 21　（承上圖）Joel 發展出直角結構

● 推和拉

　　大約在一歲半時，Ben、Joel 和 Hannah 開始會區分拉和推這兩種動作。有時這會在畫紙上產生單一線條。這是垂直線的開端，但我稱之為「原初垂直線」。若將這些早期的行動線條（以單線呈現出來）稱之為所謂的「垂直線」並不適切，因為它們是身體動作的產物，所以當在使用這個詞彙時應該格外嚴謹。無論如何，這是（在圖畫紙上）繪製垂直軸的起源（見圖 23 和 24）。

　　約十五個月大時，Hannah 手執畫筆，做出兩種對比的弧線動作——彼此成垂直。她藉由大幅度移動手腕和手臂的方式，創造出不同的對比；然而卻也因為她的手和畫紙一直有接觸，以致於持續畫出的線條可以和原有的線條結合在一起形成角度。這樣的動作模式一直被 Hannah 重複運用到兩歲左右。她有時也會畫出小的星形（見圖 22）。

圖 22　Hannah 一歲十一個月大時，畫出小星星的形狀

　　孩童重複這些隨機組合，創造出變化；而且他們似乎很喜愛這兩種截然不同動作之間對比的顯著變化。有關形成圖形的身體動作的相關訊息，也因對比的結果而被突顯和強化了。

　　動作在時間和空間中易形成固定模式。雖然我們對這些動作模式不盡瞭解，但視覺系統（包括偵察形狀）很有可能和行動模式（包含運動神經動作）

系統整合在一起，因此強化了新的誘因系統。而行動和形狀就在此誘因系統中組合、配搭在一起（譯註：這取自於「動力或動態系統」理論的概念，即為了獲取更完全的理解力，原本在大腦中獨立運作的過程會彼此結合在一起。在此，作者試圖說明「視覺基模或過程」和「運動神經——行動」的運作過程結合在一起。例如，伸手和捉握的動作，有可能和看著明顯的目標物的視覺動作結合在一起。依次運用這種行動模式的組合，豐富了行動和互動的新組合）。

形成連結

從大約兩歲起，孩童開始分辨每個形狀，但也同時將它們連結在一起。這同時發生在當孩童能區分出出現在畫紙上的符號痕跡是由哪個動作造成的；如此，也提高了新的可能性。現在他們可以辨識出不同部分的線條和形狀，並能以不同的方式將它們組合在一起。

線畫幫助我們觀看和瞭解

在二度和三度空間的情境中所產生的對比會深深地吸引孩童，我們可以在 Ben、Joel 和 Hannah 大約三到四歲左右看到這樣的情形，因為他們此時對直角產生興趣，所以他們會去注意所看到的字母的形成。在第七章會討論到此發展，其被稱為「發展的」或是「發展初期的」書寫（'developmental' or 'emergent' writing）。美國心理學家 James Gibson（1966）提出一項有趣的概念：史前時代的線畫行動開始引導人類以不同的方式觀看和瞭解世界。在日常生活中，因著實用價值的目的和生存的理由，他們需要快速分辨事物、動物和空間。創造出來的圖案意謂著人們為了不同的原因，可以開始分辨形狀和種類。同樣的過程有可能會發生在顏色（在繪畫時）的使用上。在環境中，對顏色的洞察力提供了一項重要的生存功能，因為它大大提升了視覺的訊息。同樣地，或許繪畫活動激起了一種不同的色彩認識和運用。這樣的認識和運用是有情緒和表達的作用，因為它們並沒有摻雜適應的需求。

☀ 色彩的運用：對比和連結

很小的幼童運用色彩的方式之一是以「顏色標記」（colour-code）每個線畫或繪畫動作。他們有可能是一個畫畫行動用一種顏色，下個畫畫行動使用另一種顏色，如此類推。這就好像孩童認為每個動作和符號痕跡應該有其獨特的顏色似的。有時候，他們在畫畫時也會發出聲音來：一種一對一的連結。這種連結牽涉到許多重要的數理邏輯和音樂的理解力，以及視覺的表達和再現。這就像是孩童在時空中創造出一場行動和形狀的遊戲。就如同數學家會說「遊戲」絕不是沒價值的，相反地，其中寓有十分重要而且完全的數學規則（Nasar, 2002）。

在表現方法中，一旦像這樣的行動模式（actions-patterns）發展後，很快就會變得相當複雜了，以下是此發展如何進行的例子之一。Ben 在一歲又十一個月時，找到了一個（被大人）摺成四等份的 A4 大的紙張，這張紙攤開後，可以清楚看見分成四個長方形的摺痕。Ben 在這四個長方形內畫出不同的形狀，然後再用蠟筆畫出短而密集的弧線。他把黑色、綠色和橘色三種顏色重疊在一起；每次加上去的色層會將先前的色層以明顯的角度一分為二。他正主動試著去辨別和區分事物，這對孩童開始邁入二度空間的建構（two-dimensional construction）而言，相當重要。Ben 也會配合自己畫在紙上的符號痕跡，來調整自身的動作。當他在畫線畫時，會注意自己的「目標」顯現的效果。他一層蓋過另一層。在第五章中，我們會討論到這是如何影響一個物件的再現（圖像等）之前或之後的再現（圖像等）的產生。這將幫助我們對所謂**投射**關係（**projective** relationship）有進一步的瞭解；在此投射關係中，三度空間的世界被畫在二度空間的平面上。由於狹隘的繪畫定義以及含糊不清的透視圖法（perspective）和其他線畫系統的概念，大多數研究者並沒有意識到投射關係會出現在幼童的繪畫裡。

Ben 把自己已經畫了的東西當成目標，這意謂著他將一個東西畫在另一個東西上面。一層又一層的顏色被不同顏色覆蓋住，他選擇要將顏色覆蓋在哪裡。在 Hannah 兩歲兩個月大時，她使用色筆作畫，並選擇覆蓋線條的末端。

67

所以在覆蓋顏料的過程中，學步的幼童們正開始創造出色彩的變化，而且他們也看到這些變化。Hannah 和 Ben 正在學習調配顏色。Norman Freeman 提及，幼童的瞄準動作可以做得相當精確；這項研究結果可能會令許多人感到驚訝（Freeman, 1980）。Ben、Joel 和 Hannah 都極為精準地對準符號痕跡（目標），而且即使之後鉛筆有四處滑動的情況，就算要對準小點，他們在第一次嘗試瞄準時，都能正中目標。

符號痕跡與它們之間的空間之重要性

有時，空白（empty space）會被設定為畫符號標記的目標。Joel 一歲半時畫出一系列並列在一起的拉線（pull lines）。他小心地在每條線之間留下空白處（見圖 23）。如前所述，這些線條都是原初垂直線。到了兩歲九個月時，Joel 畫出一連串並列的直線條時，垂直方向變得越來越明顯，只是這次他是用推線（pushing lines）方式畫成的（見圖 24）。他為每條線命名，當畫線時他會說：「這是媽咪，這是爹地，這是 Joel，這是 Ben。」早期畫畫的主題當然和家庭群組有密切關係。在此，Joel 畫出他認定是對自己最重要的人之垂直軸。此外，**平行**的概念也正在成形中：早在他知道**平行**這個字詞之前，平行的

圖 23　Joel 一歲半時，將線條並列排放，在其間留白。他把畫筆往自身方向拉動，畫出這些線條

圖 24　Joel 兩歲九個月大時,他畫出一排直線。他把畫筆往外推離身體,畫出了每一條線。他邊畫邊說:「這是媽咪,這是爹地,這是 Joel,這是 Ben。」他表現的是人體輪廓的垂直軸,因此平行的概念也正逐漸形成中

概念就已經漸漸在成形了。人們可以並肩站著;線條也可以如法炮製。

　　這是構圖的初期。Claire Golomb(1992)也提出引人注目的見解,他認為孩童以不同方式畫圖,而且他們長大後會知道如何整合這些方式。Nancy Smith(1983)和 Pat Tarr(1990)也有獨到的見解,他們表示,幼童知道如何在畫紙上排列及安置符號痕跡。其他研究者似乎認為,相較於真正對空間和形狀感興趣,構圖和設計不過是一種額外的選擇罷了,然而對於許多的孩童而言(包括幼兒),他們對形狀、顏色、符號或是物件的配置,很明顯是受到美感的驅使和引導,包含對和諧、平衡、構圖和設計的感覺和直覺。許多研究者表現得好像這些是可以和線畫研究分開來討論,並且可以不需理會它們。當然,這種說法相當荒謬,因為構圖包括了每種線畫技巧,當我們在分析孩童如何畫出物件和情境的結構時,不可能不考慮他們的構圖。

　　構圖牽涉到孩童的動作。有時候,Joel 就像其他的孩童一樣,不僅會將每個符號痕跡區分開來,也會藉由在每個筆劃之間更換筆套,以便區隔每個下筆動作!有時候,他也會將手指放進筆套內。他似乎把筆套當成手指玩偶,有時還會對它們說話,或假裝它們會說話。Chris Athey 告訴我,她也注意到孩童愛

用這種方式玩筆套。隨著線畫和繪畫的日漸發展，它們就像其他動作一樣並非無關，而是非常重要的行為動作。在遊戲中，Joel暫時不用只為了配合筆的**功能性**，而努力調整自己的動作。他可以用不同的方式自由操控它們，並且創造出各種可能的使用方式。他有機會可以用有模式的行動次序來操控這些物件。他的行動從容又有格調，動作富有情緒及表達的張力。畫筆和筆套於是具有身分，甚至擁有了自己的個性。所以對著筆說話，當然會影響繪畫囉！

Joel相當有選擇性地將符號痕跡畫在適當的空間、位置上。這次，在小本的畫冊中，他開始在每一頁畫上一個符號痕跡。這對早期的書寫和數學邏輯發展來說是非常重要的。這或許也顯示出 Joel 對空間事物的瞭解（Smith, 1983; Athey, 1990; Matthews, 1999）。

空間上的點

有時，Joel會畫出有層次的符號痕跡；有時候，他將它們聚集成群組；有時候，它們彼此散得非常開；或局限在一個區塊裡。每個在紙上的標記痕跡似乎都是一個獨特的事件。畫筆造成的每筆痕跡似乎都是企圖重複這個獨特的事件！

連續的旋轉圈圈

到了一歲十一個月時，Ben、Joel和Hannah更能夠控制自己的推拉和弧線動作，而且可以或多或少在自己的選擇下擴展這些動作。其中一個重要的例子是，他們藉著調整手腕、手肘和肩膀等關節所產生的前後和左右、搧動、插刺和拖曳等動作，會因而「擴展開」來，因為它會變成**連續的旋轉圈圈**（**continuous rotations**）。圖25便是 Hannah 在兩歲七個月大時，用打翻的牛奶塗抹出來的。

Nancy Smith（1983）認為這些連續的旋轉圈圈可讓孩童延長自己的動作，像弧線和推拉等其他動作，就很難做出如此的效果。當孩童沿著沙灘奔跑時，他們可以跑出一條又長又直的線條。可是，通常線條會因為空間不足而被迫停止。然而孩童可以在一個橢圓形的軌道上持續地將線條畫下去，直到他們想停

70

71

圖 25　Hannah 兩歲七個月大時，用打翻在塑膠平面上的牛奶，做出一個連續的旋轉圈圈

為止，這也呈現出重複的概念（Smith, 1983）。

　　孩童很快就學會在做連續旋轉圈圈時變化速度，他們也會為了呈現不同的效果而增減速度，這表示他們是根據自己的感覺和情緒來變化旋轉的速度。

　　為了建立起孩童的行動與這些行動所呈現的效果之間的關係所採用的這些策略方法是如此有效力，所以這些策略方法會被從一種藝術材料或環境移置到另一種上來使用。例如，John Jessel 和我發現當幼童在第一次接觸電子繪圖時，他們會使用水平弧線、垂直弧線、推拉和連續旋轉的動作。

 ## 傳統線畫的媒材和電子繪畫

　　改變媒材會對孩童的線畫行動產生影響。John Jessel 和我讓一歲十個月大到三歲十個月大的幼童使用微型電腦（Matthews and Jessel, 1993a; 1993b）。我們比較了他們用傳統的媒材（如鉛筆、色筆，或是蠟筆和紙）和利用「電腦繪圖」所畫的圖畫。在一些重要的層面上，後者和傳統的繪畫和線畫的媒材非常不同。傳統作畫的表面和其所呈現的圖案之表面，彼此是分開來的，而且彼此垂直，然而在使用電腦繪圖時，並沒有身體的觸感，而且顏色既不會混合在一起，也不會有「用完」的狀況；同時也不會失去圖畫的光澤度。有時，螢幕只會呈現出畫畫行動的一小部分，這就像是我們觀察到 Robert（三歲一個月時）

之所以會放慢自己的作畫動作的原因。

　　然而，即使採用傳統媒材和電腦來作畫有這些不同點，我們卻也發現到孩童仍會使用水平弧線和推拉等動作來連結動作和視覺效果。像是連續的旋轉圈圈（見圖 25a）、格子和封閉或完整等較複雜的形狀，也可以利用電腦繪圖製造出來。我們發現垂直弧線的動作會立即被孩童修改。因為電子繪圖是用滑鼠製圖，但三度空間的動作（如在空中揮動滑鼠或敲打桌面）並沒有辦法在螢幕上產生任何直接效果。

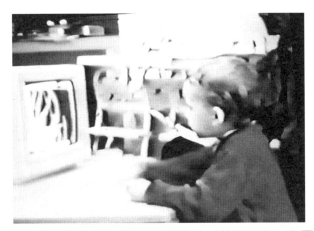

圖 25a　Robert 三歲一個月大，以電子繪畫的方式使用滑鼠，在電腦螢幕上畫出　　　　　一個連續的旋轉圈圈

覆蓋和掩藏

　　當孩童開始做出大的旋轉動作時，他們同時也喜歡「覆蓋」住畫面的某部分，當然用顏料和畫筆時，這是很容易做到的。Ben 在 A2 大的紙張上畫上紅色和粉紅色顏料，並且說：「和 Gypsy 吃烤果醬吐司。」Gypsy 是他的朋友。畫紙表面即是指烤吐司，而塗散開來的顏料，則代表著塗抹的果醬。在這個例子中，旋轉或是其他動作都足以讓畫紙表面實際上真的被顏料覆蓋住。有時候，企圖用細筆尖的畫筆（如手拿鉛筆或是色筆）「覆蓋」一個區塊時，想當然耳，這就比較難達成。用顏料去覆蓋整個區塊很容易，但是當使用鉛筆或類

似的工具時，就會產生空白處。在這樣的例子中，速度就顯得極為重要；這會讓孩童認為那少量、稀疏、彎曲的線條，意謂著完全被填滿的部分。因此，我們必須「想像或假裝」這些空隙並不存在；我們要想像稀疏彎曲的線條就是「代表」著覆蓋或是掩藏的部分。「刪除」的相關技巧是嬰兒期所形成的覆蓋能力的一種較後期、慣性化的發展。我們知道許多複雜的數學或語言的符號和標誌，是源自於嬰兒時期就形成的行為表現。

這個現象也和傳統的假設相牴觸。傳統的假設為：只有在童年後期，兒童才會運用持續及封閉的線條來代表物件。在兩歲前，幼童正發展所謂的「塗鴉」，有點類似我們所稱的「素描」。「素描」的概念要到幼童較大時才會被建立起來（Fenson, 1985; Cox, 1992），這樣的觀點值得商榷。素描的發展初期很有可能出現在幼童畫出連續旋轉的符號痕跡中。稍後我們可以看到 Joel 是如何發展其早期的素描技巧。

許多研究兒童線畫的報告都在強調，孩童選擇（從所謂的「塗鴉」過程中）如圓形或線條等明顯的形狀，並綜合這些形狀進行設計和繪畫的過程（例如，Kellogg, 1969），然而這些不過是過程的一部分而已。幼童其實也會探索連續的實線（continuous-contact lines）（這卻被大人誤稱為「塗鴉」）。幼童畫出明顯、清晰的形狀和連續的實線，這兩種相關的過程彼此之間有密切且深遠的關係。同時，它們也讓幼童在線畫技巧上變得更流暢、熟練。

☀ 完整或封閉的形狀

通常幼童要透過運用旋轉的動作，學到如何畫出完整形狀，這在線畫發展上極為重要。如 Arnheim（1954, 1974）認為空間絕不會是中立的。完整或封閉的形狀因一條線而劃分出兩個不同的獨立區域，它將部分的空間與其周圍的區域隔開。幼童很快就學會以它來呈現物件的**正面**和／或它的**體積**（**volume**）。他們也發現到自己可以用完整形狀來表現出內外關係（inside and outside relationships）。這樣的關注可反應出幼童修改了自己對空間和體積的理解。孩童修正自己先前所持兩個物件不能同時存在同一個空間內的看法。在嬰兒早期，嬰孩在探究形狀、位置和動作的過程中，他們瞭解到一個物件是不

能占據另一個物件的存在空間（Bower, 1974, 1982）。現在當他們看到物件可以被放進某個容器內時，他們便調整了先前的看法，他們開始在平面的物件（完整或封閉的形狀）中，畫出另一個平面的物件（符號痕跡或形狀）。可參考 Hannah 兩歲五個月時所畫的圖（圖 26）。這種內外關係很快就會誘發其他層面的意義。在畫紙呈現的內外關係表現出了真實或想像世界中的內外關係（Athey, 1990; Matthews, 1984; 1994; 1999）。這裡有個好例子，當 Joel 還不到兩歲半時，他在一個完整形狀內畫了一個小記號。他解釋道：「這裡有一個小寶寶……小寶寶在水裡。」（見圖 27）。

　　在某些圖畫中，孩童會把符號痕跡畫在完整形狀內的任何一處；但在有些圖畫中，他們會仔細考慮要把符號痕跡畫在形狀內部的哪裡。有時候，孩童會在完整形狀內部的不同位置（**location**）上，畫出不同**種類**（**type**）的符號痕跡。例如，Joel 在兩歲兩個月時，在一個封閉形狀內側的右半邊畫了一組大致是平行排列的線條，而在左半邊則畫了一個旋轉圈圈（見圖 28）。藉由依類別將符號痕跡分組，此時他開始進入學習分類的發展過程。這同時也是數學邏輯（mathematical logic）的發展開端。

　　利用完整或封閉形狀表現內外關係的狀況，只會發生在孩童已經發展並具

74

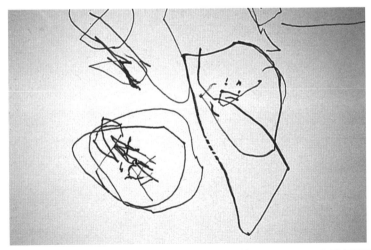

圖 26　有時候，旋轉畫法會產生完整或封閉的形狀。Hannah 兩歲五個月大時，畫了完整的圖形，並在圖形內畫了符號痕跡

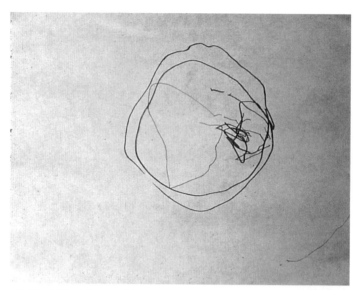

圖 27　Joel 兩歲五個月大時，畫了一個完整的形狀，在此圖形內，他畫了彎曲的
　　　　線條。他指著這些彎曲線條，說道：「這裡有一個小寶寶。小寶寶在水
　　　　裡。」

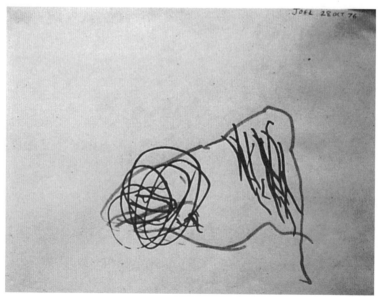

圖 28　Joel 兩歲二個月時，將完整形狀畫在明顯不同的位置上，再將不同種類的
　　　　符號痕跡進行分類

備這些概念之後，只是單靠神經的感官引導畫出來的形狀，並不表示這些形狀
具備符號或圖像的意義：當詮釋兒童的繪圖時，這是個微妙且極為重要的區
辨。然而，通常熟練且自我引導的行為發展與此概念的發展會同時產生；而且
這兩者很快就會變成一體。當孩童開始運用封閉或完整形狀時，這意謂他們在
運動神經的控制和思考的發展上有重要的轉變。

將形狀擺在一起，再分開，然後再擺在一起

　　完整或封閉形狀是形狀群組的其中一種。Rudolf Arnheim（1954, 1974）認
為孩童不僅要學習把行動和形狀結合在一起，也要學習如何將它們區分開來。
例如，一歲四個月大的 Hannah 學會分辨拉和推兩種動作；也在畫紙邊緣的上
方重複地拉動畫筆，畫出一連串大致成垂直和平行的線條。大概在兩歲時，水
平弧線也同樣會被分解成接近水平的線條（見圖 29）。然而，當我們在稱這
些線條為「水平的」或是「垂直的」線條時，應該要很謹慎；因為嚴格說來，
這些線條實際上是做出朝向身體或從身體向外等兩種動作的結果，而後者是由
橫跨胸口的左右動作畫出來的。我們實在應該說，發展初期的垂直線為**縱向的**
（**longitudinal**），而正值發展初期的水平線是**橫向或側向的**（**lateral**），之
後，它們將會被用來界定垂直和水平的方向。圖 24 就是一個很好的例子，兩
歲九個月的 Joel 畫了一組推線或是縱向線，並稱它們為「媽咪、爹地、Joel 和
Ben」。幼童逐漸在畫紙上畫出可能會令我們聯想到 X 和 Y 兩種座標的圖形。
我們可以在 Ben 所畫的圖 30 中看到這個現象，此時的 Ben 兩歲十個月大。橫
向（「水平的」）平行與縱向（「垂直的」）平行的差異變得相當明顯。

直角的附屬物或連接物

　　在圖29、30中，我們也可以發現到**直角附屬物**（**right-angular attachment**）
的原理開始發展；在此，X 和 Y 軸是連結在一起（圖 29 和 30）。這項極為重
要的視覺結構被發現於當側向動作（源自於水平弧線的動作）和垂直動作（源
自於縱向動作）結合在一起的時候：即由朝身體向內或由身體向外做動作。線
條也有可能是以直角的形式相連在一起。之後，水平和垂直軸的座標就在畫紙

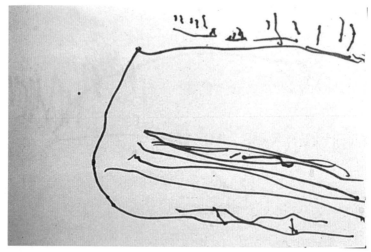

圖 29　直角的附屬物，加上一組橫向和縱向的線條，平行的概念也正在形成中。
　　　　Ben 在兩歲十個月時所畫的

圖 30　直角的附屬物也產生在橫向和縱向線條結合在一起的時候。Ben 三歲三個
　　　　月時畫的。因為控制方向的改變，所以他可以畫出其他種類的線條，如游
　　　　移的 Z 形線條（圖畫的右邊）

上因應而生了（見圖 30）。

形成連結：將事物結合在一起

　　孩童開始會利用一條線把兩個單獨的符號痕跡或塊狀物結合在一起，他們會考慮到事物是否是持續有關聯或是獨立不相關的，以及事物是如何連結在一起。玩遊戲幫助並引導他們作畫，並且使他們能理解這些與真實的外在世界的關係。如此，畫紙表面便成為一個真實世界的「模擬空間」（Wolf, 1983, personal communication），以及處理意識和無意識思想的空間。

結合動作與符號痕跡：游移的鋸齒狀或 Z 形線條、波浪線和游移圈圈

　　大概到了兩歲時，Ben、Joel 和 Hannah 都可以區分形狀和動作的不同處，或將它們結合在一起。他們可以用連續的實線把其他的形狀包圍起來；他們可能把符號痕跡畫在完整或封閉形狀的裡面或是外面，而且也可以利用線條將它們連結在一起。他們還可以用具有數學邏輯性的、空間感的、音樂性的以及具節奏的方式將線條和符號痕跡進行分類。他們可以把原先獨立的動作結合在一起，然後再做出更複雜的動作。如此一來，新的形狀就會因應而生。

● 游移的鋸齒狀或 Z 形線條和游移的波浪線

77

　　二十三至二十六個月大時，Hannah 和 Ben 都能將手的推拉和橫向動作結合在一起，而產生一種**游移的鋸齒狀或 Z 形線條**（見圖 30、31 和 32）。在圖 31 中，Hannah 三歲三個月大時，畫了一條**游移的 Z 形**或是**波浪線**，同時說道：「雲慢慢地動了。」幾天後，她在游移的 Z 形線條中加上水平與垂直的弧線動作，而畫出圓點或是小點。她邊畫邊說：「雲慢慢地動，而且下雨了。」她畫出下雨的兩種形式；透過垂直軸傾盆而下的雨水（**游移的 Z 形線條**），以及顆粒狀的雨滴敲打在地面上（右下方，因**垂直弧線動作**而畫出來的圓點）（見圖 32）。

圖 31　Hannah 三歲三個月畫出的 Z 形線條

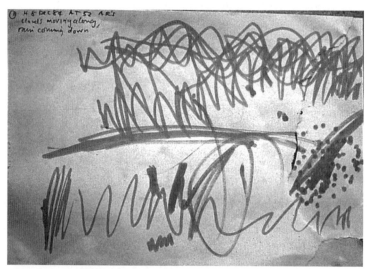

圖 32　Hannah 三歲三個月，很快結合了游移的 Z 形線條或是游移的波浪線和水
　　　　平弧線（在圖畫中間）與垂直弧線，而形成了圓點或是小點（右下方）

游移的圈圈

　　游移的圈圈是由推拉動作造成的。在推和拉的動作之間穿越過它自己，進而畫出一連串不同樣式的「e」形。這個推拉動作也可能衍生畫出像波浪和螺旋的其他形狀。在圖 33 中（Hannah 三歲兩個月），Hannah 在畫一個游移的圈圈時，說道：「泡泡飛上去了。」線條不僅只是螺旋狀，還沿著垂直軸盤旋直上，高與低的關係因而產生。上升與下降的再現（the representation of ascent and descent）常會出現在遊戲中。孩童假想掌上型玩具起飛和降落就是個很好的例子。在許多觀察中，我發現孩童會利用掌上型玩具創造出盤旋、加速攀升或下降的動作，並且以橢圓軌道形式起飛和降落。這種三度空間的飛行軌道，外加升降的時間點，都被畫在二度空間的畫紙上。

圖 33　Hannah 三歲兩個月時，畫了一個游移的圈圈。她說：「泡泡飛上去了。」

 ## 不同的動作會產生不同的結果

孩童會在不同的情境中一遍又一遍、重複以不同的方式探索自己的動作之間的關係。Hannah 在兩歲七個月大時，坐在廚房的桌子前。桌上覆蓋著塑膠桌墊，她把杯子裡的牛奶灑在桌上，當牛奶流過光滑的桌面時，它產生新奇的圖案。她非常專注地研究著這個白色的形狀，並且按次序練習完全不同的標記動作。首先，她非常仔細觀看自己所做的動作，她用一隻手指頭從牛奶中拉曳出一條線，然後再用其他四隻手指劃過這條線。她相當注意自己造成的效果，她正看到不同的動作會產生不同的效果。

同樣的動作，但使用在不同的媒材上

孩童會發現，同樣類型的行為動作可以應用在各種不同的場景和媒材上。他們根據媒材的性能和限制來修正自己的行動。例如，將手掌放進牛奶裡（圖25），或是利用滑鼠畫畫的電腦繪圖，這兩者會產生不同種類的旋轉形狀（圖25a）。

結合不同線畫行動

Hannah 可以畫出不同的直線、圓形和其他的形狀。她已很會畫形狀了。在兩歲一個月大時，Hannah 已經可以很熟練地畫出旋轉形狀（rotational shape）了。她可以隨意將符號痕跡結合在一起，或將它們分開來，也可以隨心所欲組合標記行動（marking actions）。她可以用不同的速度和強度來作畫。心血來潮時，她還可以選擇要畫出向內或向外的螺旋狀。她可以減慢速度，並縮小旋轉的動作，而畫出近乎一線成形的形狀。利用這個方式，她可以畫出一個完整或封閉形狀；而我們認為，完整形狀對線畫發展而言，是一個非常重要的形狀。此外，她也可以將線條和完整形狀連結在一起，然後畫出另一個非常重要的視覺形態：**有中心點的輻射圖形**（the **core and radial**）（見圖 34）（Athey, 1990）。Joel 和 Ben 大約在同樣的年紀時，也能夠畫出這些形狀。有

圖 34　Hannah 兩歲六個月時畫出有核心的輻射圖形

核心的輻射圖形的結構物是直角附屬物的特殊例子〔譯註：直角附屬物是一條線和一條底線呈直角。有中心點的輻射圖形的結構物之所以為直角附屬物的特殊例子，是因為此處這條線（輻射線條）是和形成一個封閉或完整形狀（具核心的圖形）的底線（而非另一條直線）呈直角〕。

基底線上的 U 形圖形

　　基底線上的 U 形圖形是另一個直角附屬物接續的發展。當一條線大致以九十度角離開底線，然後又回歸基底線時就會形成另一種封閉的形狀，我稱為基底線上的 U 形圖形（見圖 35）。對孩童而言，這個發現非常有用，因為它可以引導出不同的結構圖形。例如，U 形圖形可以連結另一個 U 形圖形，進而形成多細胞的結構（multi-cellular structures）圖像。

兒童需要反複練習他們所知道的事

　　這些發現並非僅只發生一次而已。在某種情境下的發現，不一定會被記住。因為同樣的發現可能需要被發掘多次，而且是在其他不同的情境中被察覺；這些發現所得的領悟會有重疊之處，進而形成具影響力的概念。即使把形

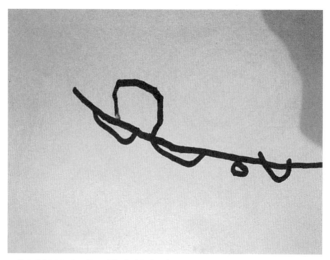

圖 35　Ben 三歲兩個月大時，畫出基底線上的 U 形圖形。這是一個直角附屬物的接續發展

狀放在一起，孩童可能需要一再重複練習將它們分開，以便能夠真得建立起概念，亦即不同的部分是如何彼此相聯，而動作和形狀又如何彼此產生連結。孩童不見得會放棄先前的線畫行動，而選擇後來形成的行動。誠如我們所見，Hannah 不斷重複觀察、研究同樣的事物；她也會在不同的情境中以及運用不同的媒材時，持續進行這樣的探究觀察。

　　然而，每個新經驗並非只是個重複的經驗而已，每個新版本的形狀和動作都加入了新的特質或領悟；有時不明顯，有時是全新的組合，有時則是充滿情感的表達。可能就如 Claire Golomb（1992）所說，先前的塗鴉經驗對於孩童畫某種形狀而言，並非絕對必要，例如完整或封閉的形狀。然而，這些形狀若沒有透過反複練習，很有可能就會停留在它們最原始的模樣；沒有經過練習，孩童似乎沒有辦法用新的方式將形狀組合在一起。透過練習就會產生新的可能性，使得基本形狀（basic shapes）以及畫出這些基本形狀的結構原則變得更豐富。

　　在兩歲半至三歲兩個月間，Ben、Joel 和 Hannah 都能畫出不同類型的線條和形狀，如**連續的旋轉圈圈**、封閉或完整形狀、平行線、直角的連結（right-angular connection），以及游移的鋸齒狀或 Z 形線條（見圖 36～40）等等。有

圖 36　Hannah 在兩歲六個月時畫的。她結合了連續的旋轉圈圈、封閉或完整形
　　　狀、平行線、直角連結和游移的鋸齒狀或 Z 形線條。她也標記出線條的開
　　　始和結束之處

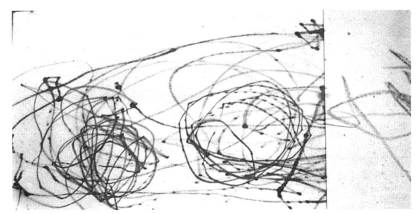

圖 37　Ben 兩歲十個月所畫的連續旋轉圈圈

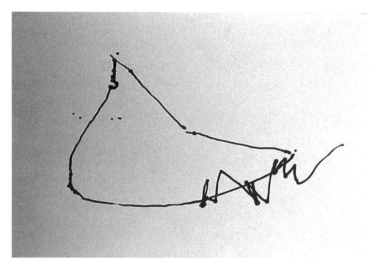

圖 38 由連結的線條和游移的 Z 形線條所形成的封閉或完整形狀。在畫鋸齒狀或 Z 形線條時，Ben 試圖沿著完整形狀的底線作畫，我稱為共線性或是共享軌跡。畫於 Ben 三歲一個月大時

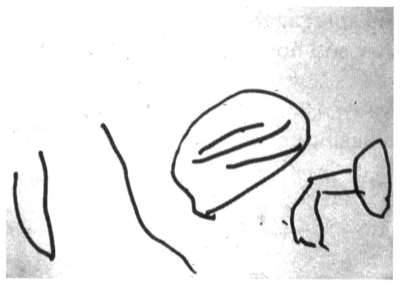

圖 39 由左至右：連結線條；一條縱向線條；平行線在封閉或完整形狀內；以及蝌蚪人（注意連結的腿和腳）。畫於 Ben 三歲兩個月大時

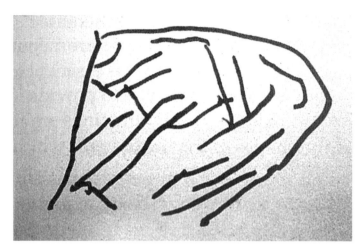

圖 40　Ben 三歲兩個月大時，以平行線和直角的連結畫出了一個人在蛇窩內與蛇纏鬥

時候，所有形狀會出現在同一張圖畫中（見圖 36）。

　　當有目的地將線條重疊在一起，或是當一連串圓點是被畫在之前所畫的線條上時，我稱為**共線性**或是**共享軌跡**（**collinearity or shared pathways**）。在圖 36 和 38 中可略見這樣的情形。

　　因為練習而畫出來的形狀，或許也有其再現的價值。例如，在圖 40 中，Ben 在一個完整形狀內，使用近似平行線和近似直角的結構畫出一個人在蛇窩內和一條蛇纏鬥。

　　有中心點的輻射圖形的發展例子即是**蝌蚪人**（**tadpole figure**）。圖 49 和 50 是很好的例子。

繞過、往上、往下以及通過

　　孩童發掘不同的方式來畫出裡面和外面、事物會彼此碰觸、相連或附屬在一起，以及覆蓋住別的事物等等形式。

　　具體而言，孩童可以畫出彼此相近、距遙遠，以及朝同一方向行進的事物。畫紙表面成為實際物質的表面，在此，所有這些（和其他的）關係與動作

83

85

（包括碰觸、連結、通過、往下方、向內和向外）可以一種直接、具體的形式被畫出來。例如，當一條線或是一個符號痕跡被畫在兩條平行線之間時，可以被詮釋為「通過」。

當畫紙表面是垂直或是傾斜時（例如在畫架上畫畫），可能可以親身體會到具體畫出來的上升和下降動作的感受。所有這些關係可能會真實且具體地呈現在紙上或是畫作表面上。

86 但是這還有其他的意義，即往上、往下以及穿越過（和其他關係與其他行進的方向一樣）需要將畫紙表面視為是一個空間，而非僅是實際、具體的表面。這些包括「較高與較低」的關係，有種通過一條**想像的**垂直軸的感受；「通過」，有一種沿著和穿過一個有邊界的物體內部通道的感受；還有一種在**想像中**離開至遠方，再「通過」圖畫的平面回來的感覺。再者，這些軸線關係是在遊戲中被發覺和觀察出來的。它們受到整個身體在空間中所做的動作之引導，但特別容易發生在孩童用掌上型物件進行假扮遊戲的時候。在這個假想世界裡，很容易在動作中看到這些軸線關係。

☀ 繞圈圈、往上、往下以及通過

矛盾的是，無論孩童對物件的觀點如何，當他們藉由線畫來捕捉有關物件的訊息時，他們有時候還是會畫出物件可能的視圖。在遊戲中，這些再現的可能性被重複地執行，並且被結合在一起。從Joel兩歲十一個月開始，我們在他身上就可以看到這個現象。舉例來說，Joel在玩玩偶和一台咖啡研磨機，他將這些手偶繞過、往上越過，以及通過那台研磨機。在英國湖區（Lake District）的山上，Joel讓這些手偶在我們住的旅行拖車外面的大石頭旁繞圈圈，使它們向上、往下飛越過大石頭。那時，他也同時經歷和父母親一起爬上、爬下及繞過陡峭的小山丘的經驗。

87 然後，當他畫人在爬山時，他運用動作的三個基本軸線動作的概念；繞圈圈、爬上、往下和通過。圖41顯示出繞過一座山（左上方）；爬越過並走下山（右下方）。當上演出繞上山頂、越過山頭後再下山的順序時，他獲得了物件的兩種可能的視圖（views）。最重要的是，他畫出了「行動再現」的副產

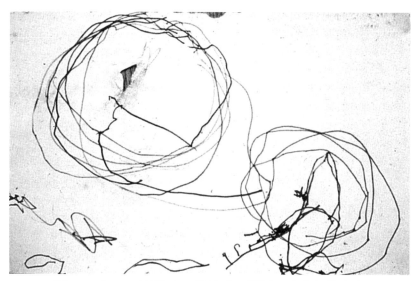

圖 41　在 Joel 兩歲十一個月時，畫了一座山與登山者

品：**單側立面圖**（**side-elevation**）和**平面圖**（**plan**）。這些稱為投射關係（projective relationship），它們呈現出丘陵兩種不同的投射圖（projections）。然而，另一個移動方向——穿越——雖然有顯示在這張圖上，但卻不是以投射關係的形式被畫出來。而是用筆在紙上戳個洞，來代表穿過山丘（左上方）。

　　如上述，有時畫紙就僅是代表它本身，單純象徵一張具體的畫紙表面，而不代表它自己以外的任何其他物質、空間。它是一項物件、一個具體的平面，一個用來模仿空間動作所使用的道具。「通過」最初就是用這種方式呈現出動作的方向。

　　這個年齡只有藉用鉛筆刺穿畫紙，Joel 才能夠掌握這個第三度空間的概念（Matthews, 1984）。幼童通常在自己的圖畫和素描上戳洞，以便探究「通過」究竟是怎麼一回事。下面的例子是從觀察三歲五個月大的 Hannah 時，所得到的發現：Hannah 用鉛筆作畫。筆尖的動作化身成「舞者」的動作。她將鉛筆插入並穿透畫紙，她邊做邊說：「我正在跳舞，跳過了山洞，然後掉下去。在另一頭也有一個洞……」她想了想自己剛才說的話，然後突然笑著說：「一定會有山洞的！」

　　這個年紀的孩童通常會對許多不同的「通過」現象相當感興趣。他們喜歡

爬過或滑過管狀隧道；他們喜愛將沙或液體倒進管子內，讓它們通過管子。他們也喜歡透過管狀物看東西，如厚紙筒管、望遠鏡、相機，和任何有洞、網狀或是光線可通過的格子狀物件。於是圖畫和素描也被穿孔並當成面具。誠如先前所見，和照顧者玩的「躲貓貓」遊戲，早在嬰兒期初期即開始發展，而此遊戲在此時已歷經轉形了。有剪裁頁面的繪本，因為可使讀者看到下一頁的某部分，而非常受到孩童歡迎。Ahlbergs的繪本就是個很好的例子。繪本的書名就是從「躲貓貓」的遊戲而來的（Ahlberg and Ahlberg, 1981）。孩童開始從觀察、研究以及玩躲貓貓的遊戲中，瞭解到與視線和視角相關的現象，老師可用許多方式來建構這樣的理解力。

這種對視角的理解是日後理解投射關係的基礎；換言之，畫畫會呈現出深度空間。其中一種投射方式稱為直線透視法（linear perspective）。直線透視法的準則即是閉上一隻眼睛，站著不動，透過另一隻眼睛看著景象和事物。當我在新加坡幼稚園時，觀察四歲大的華裔幼童操控著玩具太空船，在時空中以繞圈的方式上下盤旋在空中飛。然後，有位女童偶爾會將她的玩具太空船擺在眼前，用單眼注視著它，同時用一隻手摀住另一隻眼睛。她從自己站立的位置對應到她的玩具太空船，得到此物件的單一或是單眼（monocular）的影像。如此一來，不論她是原地自轉，還是將太空船減速直到它在空間中靜止，她都是以相同的視角觀看這個物件（Matthews, 1999）。獲取物件的單眼或一眼視圖，是構成源於歐洲體系的一個重要的觀察式素描的傳統準則（見第八章圖118）。然而，這位四歲幼童做出的這個動作，並不是從模仿任何人而來，也不是從「藝術課程」中學習來的，她是從遊戲中發現到的。為了能捕捉到自己的視覺和動態這兩種訊息，她必須含蓋此形狀的某些單一圖像。她正在建構對射影幾何（projective geometry）的瞭解，建立如何獲取事物和景象的單一（單眼）影像的理解力。

這個概念使得像兩歲大的幼童可以使用攝影機並製作影片。此概念即是我在新加坡和 Rebecca Chan 所進行的研究。孩童會適應（adapt）從遊戲和探索活動（包括線畫）中所產生的新概念，進而學會使用攝影機。例如，視線和通過這兩種概念被適應在使用攝影機的鏡頭或是螢幕上，如此一來，孩童就可以瞄準攝影機並取景（Ma Ying and Leong, 2002; Chan and Matthews, 2002b）。讀

者可能會反對說：「可是，想必當孩童在使用攝影機時，他們並不瞭解究竟發生了什麼事？」答案就是：「那你瞭解嗎？」

我的研究顯示，幼童使用小畫家和電子透鏡等不同媒材時，會運用相同的探究和表達的動作，以及正萌發的概念。概念和行動會隨著不同的可能性而調整。這表示先前所討論的線畫動作是被概括分類，因為人們無法「看見」幼兒的早期線畫是在畫「有關」什麼事物，所以就認為它們不具任何內容。但是，他們的確在畫「什麼」。而且，如果我們要提供和協助滋養孩童的再現思考的發展及符號和標記的運用，並為這兩種發展預做準備，那麼如何去辨識圖畫所畫的內容為何就很重要了。早期的線畫是跟形狀有關；即畫紙上的形狀、造成形狀的動作，以及環境中的物件和事件之間的關係。

 ## 摘要

我們已經知道幼童從最初的探索標記符號，進展到有效力的標記策略，而此標記策略有部分反應出一些自然的身體動作。然而，如果我們認為這些行動只是不經思考、制式化的動作，我們就錯了。幼童的線畫行動是非常容易隨他們自己及周遭人物的情緒起伏而有所變化。新的研究顯示，所有符號表現（象徵）和再現的形式（包括說話和畫線畫）有可能奠基於嬰孩的身體行動；而這些行動則是以一種動態的語言明顯地被表達出來（Allott, 2001）。

孩童漸漸長大後，這些行動和形狀會更進一步被區別開來，並加以分門別類。以 Kellogg 和其他研究者的方式來陳述，我們可以瞭解到在設計和圖畫裡的形狀，並非只是往後會使用的一個漸進的形狀語彙的組合。相反地，歷經這整個過程後，孩童的線畫行動以及用這些行為動作所畫出來的形狀，都可能會富有情緒和再現的意義。他們對於線條的頭尾十分感興趣，而且會將它們畫在紙上，他們把線條彼此以直角的方式連結在一起、以顏色標記自己的行動。他們也會測試將顏料塗抹、覆蓋住另一層顏料。在畫紙上，孩童畫出了內外關係及基本的動作方向，如越過、轉圈圈、向上和往下。語言也存在於此過程裡。他們談論自己所做的事情，並且將合適的字與形狀和與他們的關係連結在一起。這有益語言的獲取，但反之，語言也有益於引導和組織線畫。這些形狀、

關係和動作方向對日後線畫發展都有同等的重要性。此外，我們也可以在調查研究、再現的遊戲以及（幼兒的圖畫中）視圖再現的初期中，發現到這些現象。

我們已經看到孩童如何發展出一些重要的線畫規則，下一章我們則會探討兒童如何運用這些規則，來產生出新的形狀組合。孩童對自己本身具有的顏色和形狀的關係感到有興趣，但是他們也會運用這些產生出來的效果，來發展出有關自己對世界和自身經驗的新概念。他們似乎意識到那些從圖畫表面所呈現出來的關係，在某種程度上，就像是在真實世界中的關係一樣。他們開始建立起以一種事實描述的方式，整合出整體的關係。更重要的是，我們必須注意到這絕不是幼童在模仿事實，而是他們發現並運用了再現過程的內在邏輯性（internal logic）和系統性（systematicity），而且也被它們所引導。此外，我自己最近的早期再現的研究顯示，線畫所發展出來的行動和概念，會被持續引用在兒童使用電腦資訊（IT）工具上。

chapter
5

看見和知道

當幼童更大時，他們似乎會想從自己的圖畫中獲取更多他們感興趣的形狀和物件結構的訊息。在這過程中，他們有時會畫出大人眼裡看似有點奇怪的圖畫，這是因為他們所畫的圖不一定會呈現物件合理的視圖（見圖 42、43、44和 45）。圖 42（一位四歲七個月大的澳洲和新加坡混血兒 Campbell 的作品）畫出圍桌而坐的人們。為什麼這張桌子會畫成近似長方型，而人物會聚集在桌緣的上、下方，從觀畫者的角度來看，人物像是「上下顛倒」的呢？圖 43 也是一幅主題相同的畫。這張素描畫可能是在線畫發展中屬於較成熟的圖畫，因為人物是沿著垂直軸排列的。但是，為什麼這張桌子會被畫成這樣子呢？它桌腳是分散開來的。它應該不是有意要呈現一張毀壞、坍塌的桌子才對啊！圖 44也是主題類似的畫，但畫法卻非常不同。到底真正的差異性在哪兒呢？至於圖 45 中很明顯有匹馬四腿外劈？這是一匹癱瘓的馬兒，而且有點像那張坍塌的桌子嗎？幼童到底想要表達什麼呢？

為何兒童會畫出這樣的畫？這個議題至少已經被討論上百年了。有個在心理學界和教育界仍具影響力的傳統理論認為，孩童會歷經一個**智能寫實**（intellectual realism）的階段，在此階段，他們會試圖捕捉自己所認定物件應當的真實形狀（與視角毫無關係），接著會進展到**視覺寫實**的階段。在這個階段，他們所畫出來的物件的視圖，就好像是從單一的角度觀看此物件所得的面相。

這個理論源自於 Jean Piaget 和 Georges Luquet 兩人研究的組合體。他們原先的概念相當複雜，但後來的人卻簡化了他們的理論。簡易版的智能和視覺寫實理論主張，孩童在七歲之前會畫出他們所「知道」的事物，只有在兒童發展後期才會畫出自己所「看到」的事物。因此，根據上述學說的觀點，圖 42 和

圖42　一位四歲七個月大的澳洲和新加坡混血兒（Campbell），畫出人們圍坐在桌前，以及這張桌上所擺放的一些物件

圖43　一位六歲大的倫敦幼童的作品：人們站在一張擺放東西的桌子旁

圖 44　一位七歲大的華裔新加坡
　　　　孩童的圖畫：人們坐在一
　　　　張擺放東西的桌前

圖 45　一位六歲大的倫敦幼童所畫的
　　　　牧場上的馬

43 顯示出幼童試著去捕捉實際形狀，以及事件或景象的主要核心（桌子、人們和其他物件），但並不理會整體的景象或事件從其他可能的視角所得到的視覺圖像。但就另一方面來說，雖然圖 44 同樣也在呈現類似的主題事件：人們圍坐在桌前。但在這張圖畫中，孩童並沒有畫出實際的長方形桌面，取而代之的是以扭曲的形狀表現出從一個可能的視角所看到的桌子，及圍坐在桌前的人們的形態。在圖 42 和 43 中，身體各部位（臉、軀幹、腿、手臂、手等等）非常清晰、且依序被畫出來，但這兩幅作品都是以簡易的圖形來表達身體各部位的體積〔如，近似球形（代表頭）或是細長形（代表身體）；或像厚板狀（代表手掌）以及樹枝狀（代表手指和頭髮）等等〕（Willats, 1997）。

反觀在圖 44 中，圍繞在桌前的人物雖然也是以相當簡化的圖形所畫製而成，但是，它們並非僅是無明顯特徵的塊狀、厚板狀和樹枝狀而已，而是被設計成以投射於三度空間的曲線來表達這些人物圖像（Willats, 1997; Tormey and Whale, 2002; Whale, 2002）。它們表達了側面、正面和背面的空間觀。

此外，在圖 42 中，每個圖形都有一個完整清楚的邊界（但在這張圖中有一個很重要的例外，我會再回來討論此部分）。圖 43 的圖狀除了是彼此重疊在一起外，它們的邊界也都保持相當完整。反之，在圖 44 中，圖形的輪廓線條可能是間斷的；如果想像有個圖狀是較靠近觀畫者，它則會將離較遠的部分圖形掩蓋在自己的後面。根據傳統理論的說法，隨著兒童日漸成熟，他們會從智能寫實階段（圖 42、43 為例）轉移到下一個視覺寫實階段（圖 44 為例）。

此理論可套用在解釋圖 45 中：以不同版本的馬像來解釋此幼童是從前一個階段轉移至下一個階段。這位幼童似乎是在問自己：「妳要怎樣畫出牧場上的馬呢？」她試過了所有可以想到的方法。在第一個馬像圖形中，這匹馬似乎是四肢攤開在地上。這位幼童將這匹馬畫得有點像是一張桌子：牠的身體是以一個大致呈直角的大塊圖形所畫成，而且這身體圖形的每一個角落都連結著一條腿。雖然以 Piaget 的觀點來看，這個圖像確實捕捉到馬本身的某些真實部分，但是將馬（或桌子）畫成這樣子，看起來還真有點怪（Willats, 1997）。幼童的任務即是，讓有關此物件的真實形狀及這些形狀與此物件的關係等兩種訊息，能夠彼此相互調整、配合，同時又能將此物件畫成一個令人接受的圖像（Duthie, 1985）。在這匹「癱瘓的」馬的圖像中，可看到某些做了妥協、調和

的證據：在此有兩條腿是以斜線而非直角的方式和馬身連結在一起。這應該是幼童處在畫智能寫實與視覺寫實的馬兒之間做出某種程度上的妥協結果。當這個幼童畫了一系列不同種類的馬時，我們可以看到她不斷致力於尋找答案，直到她不再試圖畫出這匹馬四條腿的整體形象，而是畫出一個合理的馬的外觀圖像為止：即離觀畫者最遠的兩條腿有部分掩藏在（或被阻擋住在）兩條離觀畫者較近的腿後。

95

　　或者至少，那是大家所認定的。但真的是這樣嗎？這是解釋孩童們所做所為最好的方式嗎？寫實主義的不同模式之概念是源自於 Georges Luquet 的理論，但很遺憾地在詮釋的過程中卻被 Piaget 曲解了。平心而論，這兩人認為存在所謂「看見」和「知道」之間的關係非常複雜，這牽涉到改變知覺、認知和再現之間的關係，而且現今傳統的看法卻將許多不同種類的圖畫歸類在智能寫實主義或視覺現實主義的二分法範疇裡。

　　雖然這個概念仍然影響著許多人對線畫發展的理解，可是這概念卻無法令人完全信服。理由之一是去區分「看見」和「知道」，如果有可能，也是極為困難的事。再者，下述理由也難以令人信服：兒童之所以沒有畫出視覺寫實的圖，正是因為他們沒有能力捕捉到物體的視圖（如 Piaget 所持的觀點）。我（Mattews, 1999; 2002 in press）和 John Willats（1997）的研究結果卻顯示，兒童對視圖是有覺察的能力，而且在某些情況下，他們有能力將它們畫出來。例如在圖 42 中，難道我們不能說畫者讓靠近桌緣之處遮蓋或隱藏了部分的人體下肢嗎？

　　這同時也將摒除下述主張：即孩童無法呈現出特定視角或是視圖的特定訊息（view-specific information），就是因為他們完全無法畫出需要呈現在物件圖像中的形狀和交叉線。Phillips、Hobbs 和 Pratt（1978）的確在他們早期的研究中指出，孩童確實有能力出相當複雜的交叉線和形狀，只不過前提是不能將它們用在呈現真實物件的面相。例如，當我們讓孩童看二度空間的圖案（包含畫出立方體的圖像所需要運用的交叉線）時，他們相當有能力去臨摹出這些形狀。

　　無論如何，當我們更深入地分析這些圖畫後，我們會發現區分出這些類別並沒有多少意義。多數孩童不會剛好從一個特定的發展階段轉換至下個階段，

他們通常經歷的是一連串的動態系統。每個系統獲取和整合訊息的方式都不是用區分智能和視覺寫實的方式能解釋得宜的。

96 很少幼童會以「靜物畫」技法的觀點，去觀察自己選擇作畫的對象。如果我們設法要求他們在刻意安排的情境中用此畫法作畫，那麼我們需要敏銳地覺察出在觀察物件後，他們所採用的自己的獨特線畫方法。對於二至三歲的幼童而言，他們可能壓根不會聯想到，圖畫有時就像是在一個停滯的時空點上瞥見一個物件。我的研究顯示出，孩童的確能從觀察中作畫，但他們使用的作畫方式完全不同於我們所瞭解的西方歐洲藝術準則中觀察靜物畫的技法。當我們看著年紀相當的幼童作畫時，就可以看到他們在畫一件靜物時，會試圖結合來自不同知覺管道以及影響他們語言和概念的不同種訊息。當我要求二至三歲的幼童畫出一個立方體及在其上方的一顆球體時，大多數孩童都有能力畫出令人滿意的正方形和圓形，來表達一顆球在一個立方體的上方。然而，重要的是，即便老師對他們的成品感到滿意，可是孩童卻明顯對自己所畫的不甚滿意，他們堅持（即使有時被催促要快點完成他們的圖畫）還要更進一步完成其他版本的立方體圖像。雖然大部分版本的立方體並不像我以前所見過的任何圖形，可是它們仍然具有二度空間立體圖像的特性。從之後所畫的一些圖畫中，我們可以看到孩童以近似長方形的圖形，來表現立方體的每一個面相，而每個長方形則以線緣（或在頂點處或邊角）彼此連結在一起（圖46）。

97 這意謂著用來解釋（所謂的）智能寫實的圖畫，不能辯證孩童就是無法畫出物件不同面相的視圖之說法，他們是有能力畫出這些視圖（或面相）的。但是，孩童會覺得用此種方式畫物件可能會犧牲某些物件的結構和特徵的真實性。所以，他們會建立起鮮少有人瞭解的再現系統。而且，智能和視覺寫實的傳統理論也完全無法正確描述他們所建構的再現系統。孩童主要是想要同時保留物件的主要特徵及從單一視角所捕捉到的景象。通常孩童會結合由不同知覺管道所得的多種訊息，包括觸覺和動作，以及語言和概念。

☀ 穿著工作服的 Linda

Ben 的畫就是一個例子。圖47 和 48 是 Ben 用拿了好幾天的紅色色筆所畫

圖46　一位三歲幼童所畫的立方體

的兩件作品。雖然這兩幅畫都是用類似的形狀、線條和交叉線畫成的，但它們在其他重要部分仍有不同。例如，圖48的線條有再現的價值，而圖47則沒有。換言之，圖48代表某項物件，而圖47並不具任何代表性的意義，它只是Ben探索線條和形狀本身的結果。再者，這兩幅畫所運用的筆法也不同，例如加壓的方法。似乎Ben在畫紙上所畫的某些基本結構，讓他覺察到這些結構也同樣存在外在世界中。這幾天來，Ben在直角處連結線條，並畫出一組組的平行線、封閉或完整形狀和各樣的曲折線（見圖47）。現在，他則在紙上畫出這些新的形態和關係，他根據這些新結構的內在邏輯做出回應，並形成圖畫架構；同時，他也注意到在外在環境中這些結構的新例證存在。

　　圖48中有個不尋常的平行線組。在圖中，他的媽媽 Linda 穿著工作服站在靠近他的廚房內。

　　三歲兩個月大的Ben坐在餐桌前，用他最喜歡的紅色色筆在一本小記事本上畫出一張 Linda 的畫像。他並沒有用蝌蚪人來畫她。事實上，這是他第一張蝌蚪人之前所完成的圖像。為了要畫這張圖，他來來回回地觀察自己的畫和Linda 的輪廓。圖畫的某些部分可以用來解釋先前討論過的結構觀念。頭或臉被擠縮成圖畫上方一個有稜角的封閉或完整形狀。雖然它的體積和其餘的部分相較之下顯得相當小，但這對Ben而言並不重要，維持高低關係才是這裡的重

98

99

圖47　Ben 三歲兩個月大時，針對一個二度空間的結構體進行探索：他畫出了平行線、直角、封閉圖形以及曲折線

點。有些人或許會認為這是一張比例錯誤的圖畫，由於成人對孩童放入圖畫中的訊息之優先考量並不瞭解，所以才會有此誤解。這樣的誤解對孩童的發展而言極具破壞性。一般人很難瞭解他們自己對於「正確」比例的假設，是來自於特定的藝術和再現理論（Atkinson, 2002 forthcoming）。我們對兒童所作出的反應是直接來自於我們對他們的所做所為之推測。因此，我們應該盡可能去瞭解自己所做的這些詮釋背後的假設意涵，這在幼兒教學和照顧上是非常重要的事。

　　Ben 可能是以這個有稜角的完整或封閉形狀來表達 Linda 的臉，或是她整個頭形的輪廓。靠近圖畫底端，這個拓樸幾何圖形是用來表示一個空洞空間的邊界。尖尖的橢圓形是用來表現 Linda 的臀部，甚至可能意指其肛門。他運用剛硬的垂直交叉線條，來表現出完全不同或對比的手臂和身體。每一劃代表手臂的整個管狀體積，而每條線則代表整件狹長的牛仔布：Linda 工作服的帶子。

　　然而，或許令人感到較意外的是，那些代表她身體輪廓的線條所具有的符

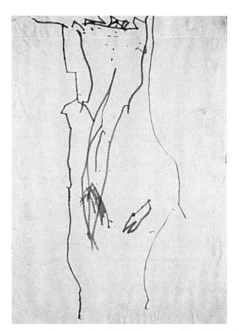

圖 48　Ben 三歲兩個月大時用這些結構畫出在現實環境中穿著工作服的 Linda

號意義的價值和重要性。Ben 沿著一條垂直路徑控制自己動作的變化,進而畫出左邊那條呈現 Linda 胸部和腰部的線條;而右邊的曲線則從圖畫的上方緩緩向下,形成 Linda 的背部、腰背、臀部,以及她的大腿後方。所以,他呈現出一個具有前、後側的女性身體。所以,Ben 實際上也捕捉到 Linda 的左側的視圖。

　　觀察 Ben 的圖畫及作畫時所說的話,說明了當他往內、往外畫出彎曲的線條時,就是在呈現 Linda 的身體輪廓,而且這輪廓往下延伸呈現出 Linda 的身體長度。

不同種類的訊息

　　有不同方式可以詮釋這個成果作品。像在這作品裡所表達的訊息,可能與 Ben 對媽媽身體的觸覺、軀體以及體態的認識有關,但也可能是從他的觀察位置所得到的視覺訊息;他的視線是從廚房的桌子到 Linda 所在之處。

　　另一種稍微不同的解釋為，Ben 將自己所「知道」關於身體部位之間的關係畫出來，而完成了這幅人體圖像——即 David Marr（1982）所稱「客體或物件中心」（object-centred）的概念。這表示 Linda 的圖像〔或是再現特定視角或視圖的訊息（representation view-specific information）〕是他畫出客體或物件中心訊息的一種結果（意外的副產品）。也或許 Ben 特意試圖找出，從一個特定的視角觀看 Linda，要如何將她呈現在畫紙上。當他從自己在廚房的餐桌所在之處（兩公尺外），看著她，然後再將他自己在這個視角所看到 Linda 的身體輪廓，畫在紙上。

　　Ben 使用相同的形狀和線條畫出兩幅素描圖畫（圖 47 和 48）。然而，畫筆的著力點（the pressure on the pen）在 Linda 的畫中卻是不同的。這種特定的筆觸力道的變化是來自於他對媽媽有各種不同的感受和觀察。如果他是在畫其他的物件，或者僅是在畫不具任何再現意義的線條和形狀，那麼線條的變化也就會有所不同。

　　當 Ben 改變主題時，他改變了自己組織慣用的形狀和線條的方式，並賦予它們不同的意義。此外，他捕捉並組合了不同種類的訊息，然後再將它們一併運用，因此他可以為線條創造出新的再現意義。即使 Ben 後來成為一位優秀的製圖師，但是上述的情況同樣也會在許多孩童身上看到。幼童不但可以畫出「特定視角」或「特定視圖」的訊息（就如同當 Ben 從特定的視角觀看和畫 Linda 時）；他們也能運用客體或「物件中心」的訊息，例如他們不從特定的視角去畫事物的主要特徵（Marr, 1982; Willats, 1997）。

　　當孩童在畫各種形狀和其他視覺結構時，通常他們會從自身的視覺環境中，找出那些與自己畫在紙上相同的形狀和結構。然而，這並不意謂過度強調直接從觀察來作畫，會有助於兒童的線畫發展，很遺憾的是，這樣的看法卻存在全球藝術教育的某些領域中。例如，有些英國的藝術教育顧問無法認同兒童即興或是自發性線畫的重要性。他們傾向認定兒童所畫的素描和圖畫有其限制，而且他們刻板認定我們應該要將孩童從其限制中解放出來，於是他們摒棄培養和鼓勵一個類似語言取得的線畫和繪畫發展的過程，取而代之的是兒童開始學畫時，就已經被局限在對視覺再現有狹隘看法的西方主義（western ethnocentric approach）之下。其中最具破壞性的教導即是，認定所有不是直接取材於

自然環境的圖畫，都應該被禁止。另一項具破壞性的學派則是，讓孩童過早受到重要知名藝術家技法的影響。有時，兒童的即興藝術與「大師」的作品相較之後，其價值便被貶低。無論是和西方藝術史上的偉大白人男性「大師」、中國畫家、當代泰納獎（Turner Prize）得主，或是（換個口味）具文化特色的女藝術家相比，都沒有什麼差別。因為在文化所認定的固定標準下，孩童本身的即興視覺再現及表達就顯得毫無價值可言。

約一世紀前，Georges Luquet 瞭解到，兒童會運用不同的再現形式，而且每個再現形式都是重要的，並彼此具有同等的再現地位。這項重要的領悟如今已經不受重視了。Van Sommers（1984, p. 173）以錯誤且「蠻橫的方式」認定兒童線畫基模（drawing schemata）「延滯」了孩童的發展。Maureen Cox（1992; 1993; 1997; Cox, Cooke and Griffin, 1995）與許多專家也主張，在孩童能畫出具創造性的圖畫前，需要有目的地針對他們的再現技巧加以訓練。她認為自己所提議的訓練方式，就像在糾正文法和拼字一般。但很諷刺地，如此的主張卻使她錯失了存在於語言取得和線畫發展之間更具關聯性的類比機會。語言取得和線畫發展的過程在本質上都具創造性，也就是說兒童發展其語言和線畫規則都是隨著成長而有所改變（Chomsky, 1966; Willats, 1997）。儘管早期的圖畫就像幼兒第一句話一樣，或許顯得有些奇怪，但它們是幼童為了創造出語言或線畫規則所做的假設之產物，而且這些設假都具有影響力及兒童自己的解見。無論是用聲音、影像、圖像或動作來表達，或許所有的再現和符號標誌系統都是源自嬰孩基本的身體語言。

擁有再現技巧意謂著能更靈活、順暢地將各種技巧應用於不同的素材和線畫的方式上，這牽涉到的不單僅是學習如何畫出透視圖而已。創造力意謂著一個人有能力在形狀、線條和紙上的空間，以及其他形式上，覺察並發揮符號與表達的機會。創造力不會因為能畫出簡單的透視法的技巧而被延宕；但就另一方面來說，過度的教導如線性透視等技巧和方法卻會破壞創造力。

心理學家 Ellen Winner（1989）撰寫有關在中國學校課程中執行的一種相當具規範取向的線畫教學法時，問道：「為何中國兒童可以畫得如此好呢？」要比較不同文化的教學相當困難。事實上，刻板觀念更增加了其困難度。這些刻板觀念令人聯想到許多白人人類學家（外行或是專業的）的觀點，他們認為

再現在不同文化之間有著完全不同的標準。以下則是一個常被引用的謬誤假設：西方藝術激發出個人的創造力；而亞洲的藝術家則是慣於順從傳統，並把學徒制度融入一種其文化可接受的形式中。雖然這項錯誤的概念被亞洲那些為了合理化壓迫人民的獨裁者所樂意接受，可是事實卻不是如此。我的中國朋友對此觀點感到相當不以為然，他們認為自己跟西方藝術家一樣，具有創造性及獨特性；況且，西方藝術家同樣也有歷久不衰的學徒制度。的確，模仿仍在許多當代西方藝術中占有主導的地位。

證據顯示，在中國、香港、新加坡和其他地方所看到的許多（而不是全部的）相當受次等心理學家所欣賞的畫都是以熟稔的技法畫成，而且完全和早從北宋山水畫家郭熙（960-1125）到當代新加坡太極大師 Ang Tee Tong 等創造性個人主義的藝術家無關。然而，它們通常都是極度壓抑及規範取向的教學方式下的產物。不同的種族與文化並非問題所在。僵化和規範式的訓練，無論在何處都會損害孩童具創造性的回應，和抑制他們原始創意的能力。這樣的壓抑會以各種形式呈現出來。倫敦的兒童可能被迫模仿梵谷，在新加坡，兒童可能會因為沒有畫出老師所要求的範圖，致使其作品當眾被撕毀。無論流行何種再現的規則，其實是換湯不換藥。真正需要問的不是「為何中國兒童可以畫得這麼好？」而是，「為什麼這麼多人會認為這類型的圖畫是好的？」

在幼教及藝術教育界，有些開明的人士覺察到像 Ben 畫的「穿著工作服的Linda」這樣的圖畫所具有的重要性（圖 48）。然而，大多數的人並不會對這樣的圖畫作出「喔！」和「哇啊！」激賞的反應，而會對那些被強制培育所畫出來的圖發出讚嘆聲。不過，Ben 所畫的 Linda 素描畫和數天後他所完成的畫，依舊捕捉到了事物的外形和特質的訊息。這樣的訊息在孩童識字和再現發展初期是極為重要的。

☀ 手拿沾有大豆的吐司時，打翻了牛奶：事物是什麼、在哪裡、如何消失，以及到哪裡去了？

在畫完 Linda 穿著工作服的圖畫後，Ben 以蝌蚪人畫出三歲兩個月的自己。蝌蚪形狀已足以表達出這幅圖畫。這幅畫描述他自己試圖用一隻手拿著一片上

面沾著大豆的吐司，同時另一隻手握住一杯牛奶（見圖 49）。在真實的世界中，要同時進行這兩項任務（為了避免大豆從吐司上滑落下來，必須把吐司橫著拿；同時，為了防止打翻牛奶，則必須握直杯子）是非常困難的。圖 49 是 Ben 畫出自己沒將杯子拿穩，杯子從手中滑落，灑了一地的牛奶。

因為這個時期的幼童對事物是如何連結在一起，十分感興趣，所以接著他們對相反狀況也會感興趣：即事物是如何呈現分離或是破裂的狀態。事物在哪裡、它們是什麼、它們此時在何處、它們是如何消失，以及它們消失至何處等等，都是兒童終其一生關心的議題。

此時，我們不妨仔細想想這些訊息是如何被表達在圖畫紙上。Ben 已經意識到可以運用完整或封閉形狀，來呈現出表面的正面圖像的可能性（人的臉部還有其他物件的面相），以及用線條（single lines）來表現透視縮小的前縮面（foreshortened planes）的可能性。或許他畫出透視縮小的大豆在吐司上的圖，來表示大豆是在吐司的「上面」。其他的形狀，例如小圓點在一個正方形內，可能就不是在表達這個訊息，而是會令人聯想到大豆在吐司「裡面」而非在吐司「上面」。這是另一件觀者中心的圖畫（viewer-centred drawing）變成為物件或客體中心的圖畫（object-centred drawing）之副產品的案例，而且語言也被運用在此及其他的例子中。

我們首次瞥見孩童能在畫紙上將事物旋轉九十度的能力，是出現在他們年幼時期。例如，在一張 Hannah 所畫的圖中，她畫出雨水以垂直方向傾盆而下，每顆個別的雨滴都以直角滴落在地面上。這可能是孩童臆測動作方向的能力，此能力使其日後能瞭解景象的方向（directions of view）。孩童透過身體，在空間中玩要，以及在遊戲中移動掌上型玩具所虛擬出的迷你世界等兩種方式，來形成這些想像的動作結構。

自周歲後，Hannah、Ben 和 Joel 享受在遊戲中做出不同扭轉和旋轉的動作。還記得 Hannah 不斷自轉的例子吧。我對東南亞兒童所做的研究也顯示出，他們會以移動自己的全身或是掌上型物件（如繞圈圈、上上下下地移動等等），來呈現出物件在幻想世界中的移動軌道。這些領悟很快就會被畫在紙上。

像圖 49 這張圖是與 Piaget 的結論相互抵觸；Piaget 認定兒童在四歲之前

圖 49　Ben 三歲兩個月大，手拿一片沾滿大豆的吐司，但是意外打翻一杯牛奶

表現出「完全無法理解任何種類的圖畫透視法（pictorial perspective）」（Piaget and Inhelder, 1956, p. 173）。他的實驗顯示兒童無法以線條畫出透視縮小的圓盤，也無法以圓點畫出透視縮小的樹枝，而會一直分別以圓圈或線條來表現圓盤或樹枝。他的結論是：兒童沒有辦法有意識地感受到自己的視角。

　　然而，John Willats 最近所進行的研究則認為，孩童在畫透視縮小的樹枝和圓盤時所遇到的問題，並不是因為他們沒有能力瞭解視角的概念，而是來自於線畫特有的限制（Willats, 1992; 1997）。我自己則進行一項非正式的研究：讓華裔新加坡兒童畫一頂有帽緣的草帽。實驗結果發現，當幼童以完全透視縮小的（totally foreshortened）方式（譯註：0°角）來看圓盤（在此即為帽緣）時，他們是有相當能力辨認出單線可能代表此圓盤。當這頂帽子放在他們面前，帽緣完全與眼睛平視透視縮小時，很多幼童會從單線及水平線開始作畫，很明顯是試圖要表達透視縮小的帽緣。然而，他們似乎對自己畫出這樣的圖並不滿

意。接著，他們重新思考並重畫這頂帽子。或許，即使幼童從帽子的側面看向帽子，他們有能力辨識那一條線可能代表著一個圓盤（即帽緣），但如果用這種方式畫帽緣，它就不再看起來像是帽緣呀！一條線並無法傳達這個像圓盤結構的物件。孩童有困難將不同種類的視覺訊息協調整合在一起；即整合物件內部的結構關係，以及物件和觀畫者之間的關係。

在線畫中，孩童會意識到，完整或封閉形狀可能代表物件的正面（在此意指一個人的「臉部」），以及一條線可以明確表達「側面」或是物件的前縮透視圖或是完全透視縮小圖，當然，要掌握這兩個視角之間的轉向的時刻（moments-of-turn）是很難的。這是因為隨著改變觀看物件的角度（從零度的正面，轉到九十度的側面），物件看起來好像逐漸扭曲變形了。要將這樣的視覺訊息畫在紙上，意謂著孩童需要有能力去轉換自己對線條和形狀意義的理解。然而，他們不久就會開始建構這樣的經驗，並且發掘畫出這個概念的方式，即藉由變換線畫的規則，進而使形狀的改變能表現出深度空間或立體感（Willats, 1997）。

孩童是透過遊戲來獲得有關轉向的時刻或角度變化的概念，譬如，玩開門和關門的遊戲，我的孩子（倫敦人）和新加坡華裔，以及馬來裔和印度裔都有此舉動（Mattews, 1999）。有時在假想遊戲中玩玩具時，如果孩童變換了轉向時刻的方式時，就表示這件事很重要。其他時候，Joel 和 Hannah 會假裝自己是一扇門，張開雙手，在原地慢慢地轉圈，表示開門和關門。有時大人通過時，必須「打開他們」或是按一下假想的按鈕。

106

☀ 視圖、剖面圖和表面

孩童把房子或人物畫在同一條線上來呈現地平線，這顯示出投射再現或是某種透視法發展的開端。圖 51 畫出車子和鐵軌行經的路徑，並且大多以動態的拓樸幾何圖形來捕捉持續性的動作途徑。然而，藉由將 U 形附著在基底線上，來表現車子和火車的方式，Ben（三歲三個月）開始把物件畫成完全的透視縮小或前縮面。圖 51 是 Ben 所畫的「車子在路上」。在另一張圖（圖 52）中，他想呈現物件在桌面上，因此畫出一張桌子的側面圖或是透視縮小圖。這

顯然是和那張「大豆在吐司上」的思考發展有關。

　　當然，還有其他的可能性。圖 50 中，Ben 畫出「為了動物的骨頭在地上挖洞的人」。這張圖中的那條地平線是不是呈現出貫穿地表的剖面圖呢？或者，他是利用這條線來表達出地表「底下」呢？他先前把大豆畫在線的上方來呈現那片吐司，進而畫出了在上面的關係（on-top-of relation）。就像那幅「大

圖 50　「為了動物的骨頭在地上挖洞的人」，Ben 三歲三個月大的作品

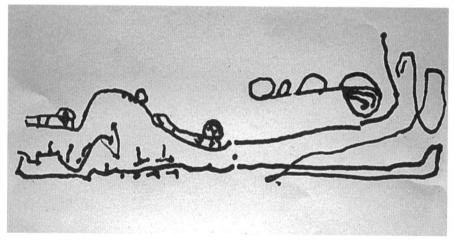

圖 51　「車子在路上」，Ben 畫於三歲三個月

圖 52 「桌上的物件」，Ben 畫於三歲三個月

豆在吐司上」的畫一樣，他正完成了一個透視縮小或前縮面的再現。這條地平線必定是他自己想像出來的視圖：一個剖面圖。所以 Ben 在畫紙上表現出來的內容，遠比畫出「在上面」和「在下面」的關係還要更深入、更多。他其他的畫可以支持我所做的詮釋。在那些畫中，他捕捉到物件極為不同，卻同樣真實、準確的特質。例如，從完全透視縮小的角度，我們可以看到在圖 53 中，他畫了叉子狀的麋鹿角；而在圖 54 中，他畫出優美的弧線鹿角。

　　幼童通常會想同時畫出很多東西。例如，當他們畫手時，他們不是畫得像叉狀，就是像厚木板，或結合這兩種特質（Willats, 1992; 1997）。

 摘要

109

　　本章我們已經看到幼童如何在自己的畫中捕捉到不同種類的視覺訊息，有種類型的訊息是：不論從任何一個固定的視角觀看，這些畫都是著重於物件的主要特質；另一種訊息則是著重在此物件的形狀，而這形狀是從特定的視角觀看的結果。一開始，孩子就會在他們的畫中結合這些以及其他種類的知識。他

圖 53　「麋鹿和坐在雪橇上的聖誕老公公」是 Ben 三歲三個月大時的作品。字母
　　　　「B-e-n」拼在封閉形狀內

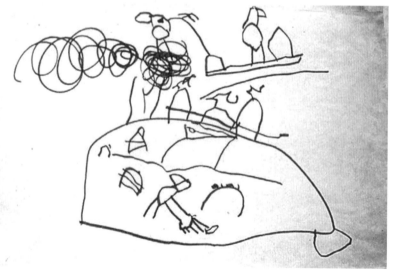

圖 54　聖誕老公公在時空中從雪橇上移到煙囪，他正要從這個煙囪上頭往下進到
　　　　屋內，Ben 正在床上；包裝好的聖誕禮物被放在桌上，此時他的媽媽 Linda
　　　　正在吸地毯

們正將在現實生活中線條和形狀所代表的事物進行分類。我們也看到線條所代表的意義，以及隨情境而變換繪製它們的方式。

　　智能和視覺寫實階段所闡述的內容，與真實狀況相較後，或許就會顯得較膚淺。因為兒童發展的統計圖表會讓人產生有「階段」的錯覺，只有詳細的縱向研究可以揭示出事實的真相。因為兒童的線畫發展沒有階段性，它是在動態、協調、知覺動作的系統中，將孩童的經歷轉變成一個縱橫交錯的連續體。

　　截至目前為止，我強調的重點是：線畫的行為引導孩童觀察其生活環境。另一個概念正好與此相反，即線畫是以某種方法模仿現實生活中看到的形狀的結果。但是，孩童會開始注意到環境中物件的形狀，是因為這些形狀出現在自己所畫的畫紙上。事實上，視覺的現實是在畫紙上成形的，我們所知道事物的形狀是線畫系統的產物，而非獨立存在於我們的再現形式的現實複製品（Atkinson, 2002 forthcoming），瞭解這一點是很重要的，因為這表示只要孩童在現實生活中所看到的形狀，在某種程度上就和他們自己畫中的形狀一樣，那麼他們就有能力用觀察來畫出圖像。這對教學有極大的影響。僅是強迫孩童進行實物寫生本身並無法加速其發展。的確，我的證據和經驗都使我相信，情況正好是相反的：過早教導孩童從觀察來作畫是會損害其線畫發展的。

　　來自各方不同的影響讓 Ben 在他的線畫發展上邁向投射關係，並開始學會透視法，以致於他不僅只是運用拓樸關係來作畫。透過在三度空間的時空中進行符號遊戲（symbolic play）和做動作，是孩童邁向學會透視法的方法之一。畫紙上所呈現的某樣事物的視圖，就如同在流動的時間中，將特定的片刻畫出來一般，因為它是從單一視角來畫出物體本身。

　　在遊戲中，孩童建構出想像的世界（imaginary universes），他們以各種的動作方向，在這想像的世界中移動。藉由在不同的方位旋轉掌上型玩具，以及在不同的時空點上有系統以不同的視角來觀看物件，孩童會建立起對從不同位置看事物的判斷力。在下一章中，我們會討論孩童是如何學會在一個二度空間的紙上呈現出在時間和空間中所發生的事件和存在的物件。

　　對於這個部分，成人是如何鼓勵孩童的呢？成人可以用什麼方式來協助孩童呢？現今有很多介入、鷹架理論及提升孩童注意力的謬論。Vygotsky 巧妙的概念已經失真了，或者說已經被那些想控制兒童心智的人所操控了。因為癥結

110

點是在這過程中，很多是需要兼顧自發性與獨自性。互動與支持並非意謂要不斷對孩童談論他們正在做的事，和應該注意的事項。有時互動是**什麼也不做**，先暫時停止去教導兒童。不要成為老師（至少，不是現今的說法），而是要成為「比較有經驗的學習者」（Geva Blenkin, 2001, personal communication），一位聰明的嚮導和同伴。

這些敏銳的特質曾經對於「稱職」（good enough）的父母親而言是自然的（Winnicott, 1971; Bettelheim, 1987），如今卻正瀕臨徹底流失的危機。從七〇年代後期開始，英格蘭政府便有計畫摧毀學習者中心的教育取向。教育理論有系統地遭到解構，這已經使得存在於與孩童談話、對他們發號施令，以及完全放任三者之間的關係變得模糊不清。就如 Blenkin、Kelly、Athey、Bruce 以及其他人的預測一樣，一個著重於狹義的語言和讀寫取向，即顯露輕視讀寫學習的徵兆。這些因之產生的強制實施的課程變更，卻是原本應該用來鼓勵讀寫學習的。再多的反覆吟誦音位都無法讓孩童瞭解標誌和符號的多重意義，唯有再現的探究和遊戲才可能做到如此。

chapter 6

空間和時間

　　空間和時間是同件事實的不同面向，如何協調並整合這兩個面向，似乎是孩童所關注的再現議題之一。當孩童在遊戲、繪畫和線畫中做出或畫出有模式的動作次序時，他們瞭解到它們與自己在外在世界所看到的動作模式有共同的特質。在符號和再現的遊戲（symbolic and representational play）中，他們飾演出動作途徑，也就是他們的行動在時空中所產生連續的軌跡（見圖 55），及單獨的足跡或是位移（見圖 56）。他們會先思考一番，然後再將事件的具體形象（configurative aspects）和動態（dynamic aspects）這兩種面向表達出來。舉例來說，我們看到圖 57（Ben 兩歲時的作品）中，飛機飛行的連續軌跡和墜落點〔行動再現（action representation）〕及它變形的殘骸形狀〔具體形象的再現（configurative representation）〕，我們便可臆測這幅畫在表達一架飛機從空中墜落到地面上。圖 58（一位兩歲的華裔新加坡幼童的作品）表達出一架恐怖分子的飛機即將與一棟摩天大樓相撞的景象，這表現在相關物件的形狀（具體形象的再現）以及爆炸的撞擊〔動力再現（dynamic representation）〕中。

　　孩童會關注各式各樣的現象。誠如我們所見，他們以思考複雜事件的方式來思考複雜的動作模式，如飄動的雲朵、落下的雨絲、溢出的牛奶，及像墜機事件一樣的撞擊瞬間或撞擊軌道。他們會呈現出相當顯而易見的事物、災難事件，以及像是抽吸和風這樣的無形事物，或像「坐了一段時間」這種微妙且難以捉摸的事件。這些事件有些是發生在現實生活中；有些則是他們從電視或廣告媒體上看到的。無論哪種狀況，他們並不僅是在複製自己的周遭環境而已，而是主動根據自己的興趣來重新建構這些事件。他們從周遭文化裡（包括真實事件以及如電視和電子媒體等社會的影像世界）挑選出這些事件。但孩童不會

圖 55 一個物件的一條連續線性軌道。Joel 兩歲兩個月大時，畫了一架飛機的飛行行程

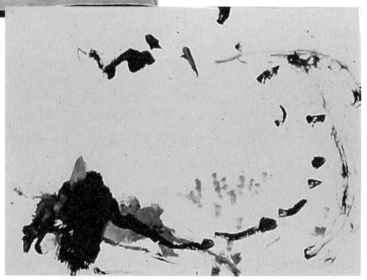

圖 56 Ben 在兩歲兩個月時，畫了一張圖：動作在時空中被分解成一個個獨立的位置

112 選擇每種事物。教育者必須瞭解，孩童會從周遭的物理環境或是影像環境中挑選與自身有關的事物。

這些誘因或新產生的概念，讓孩童有能力理解存在事物外觀之下的深層結構（the deep structures）。他們在具體的外表變化中找到相同的動力結構。舉例來說，「通過」的概念，可能會是煙霧或聖誕老公公通過煙囪（圖 54 和

圖57　Ben 兩歲四個月時的
　　　作品，表現出墜機的
　　　軌道和撞擊。這是行
　　　動再現。在同一張畫
　　　中，他也畫出肢離破
　　　碎的殘骸形狀。這則
　　　是具體形象的再現

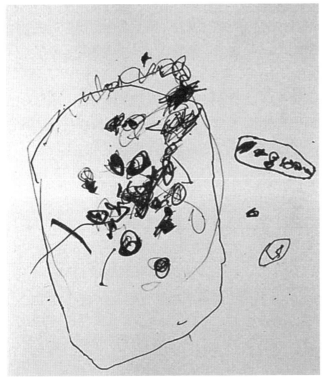

圖58　這幅畫是由兩歲的
　　　See Kang Luo 所畫
　　　的。圖中展現出一架
　　　屬於恐怖份子的自殺
　　　飛機，即將衝撞一棟
　　　摩天大樓。這整個事
　　　件是以相關物件的形
　　　狀（具體形象的再
　　　現），以及爆炸的撞
　　　擊（行動再現）等形
　　　式組合而成

79），或音樂聲通過小喇叭（第七章的圖 80），也可以是光線通過相機的鏡頭（Chan and Mattews, 2002a）等多種可能性。

我們瞭解孩童會時時刻刻轉變自己對物件位置的改變和其狀態變化的興趣。Ben 三歲一個月時，用黑色顏料畫出一系列油畫作品就是極佳的例子。在此，我們可看到他不斷變換再現的形式，有時一幅畫中會出現多種再現形式。

此系列畫的第一幅作品，他以蝌蚪人畫出我的人像，圖中那成雙且相似的平行線代表我的雙腿（見圖 59）。雙腳的標記則和兩腿大致呈直角。與圖中其他的身體部位相比較，臉部特徵是以上下顛倒的方式畫出來的。這個蝌蚪人呈現出再現的具體形象：它與人形有關。

他將第二幅系列畫稱為「有個人在洗臉」。他從左下方的具體形象（這是一個水龍頭的形狀）開始畫起（見圖 60）。或許當時他想到水龍頭的視覺形狀，也或許他正想到水從水龍頭內流出來的動作。就在它的右邊，他改用另一種截然不同的再現方式。他用刷子沾滿大量的顏料畫圈圈，藉此表現「有個人在洗臉」的動作，這個動作是一個動力再現，再往右移，他又再次運用具體形象的再現，這時，他畫出幾條緊鄰的平行線，並往下與代表水龍頭的色塊連接在一起：這是伸向洗臉盆的雙臂。Ben 在同一張圖畫中，交替運用具體形象和動力的再現方式。

接下來第三幅畫（見圖 61）則是一架直昇機。我們很難確定這是直昇機的外形，還是它旋轉翼的葉片旋轉時的動態行動。或許，當 Ben 在畫直昇機的行動時，恰巧也畫出它外形的某些部位。這正是繪畫和線畫之所以可行的原因之一：它們不是藉由某種方法來複製這個世界，而是藉由繪畫本身的動作創造出一個世界。

在此系列的最後一張圖中（見圖 62），Ben 似乎暫時卸除了嚴謹的作畫態度，他不再戰戰兢兢地畫著每個形狀，而是隨意地在紙上創造出形狀和線條來。當他下次嘗試畫這個世界時，他就會運用由此產生的新形態。Dennie Wolf（1984）認為，輕鬆愉快和嚴謹認真的不同畫圖態度，會彼此影響和滋養。

Ben 不斷將符號痕跡和形狀畫在紙上，感覺上就好像他正聚精會神地與畫作中的符號痕跡和形狀進行著一場對話。這種持續的對話助長了他以某種方式思考它們之間的關係。繪畫事件可以被比喻成邁入一段未知、多變的旅程；在

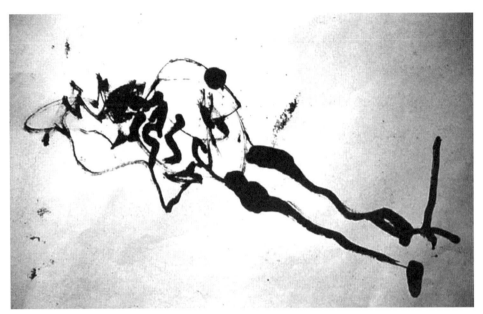

圖 59　三歲一個月的 Ben 畫出一個蝌蚪人

圖 60　Ben 說：「有個人在洗臉。」

圖 61 「一架直昇機」為 Ben 的系列作品中的第三幅畫

圖 62 在四幅系列作品集的最後一張畫作中，Ben 隨意地畫出各種可能的形狀和
線條

旅途中，每一個轉彎處都可能隨時會有嶄新的風貌呈現於眼前。每時每刻，畫紙上的符號痕跡都會激發孩童找尋到不同再現的可能性。可是，這些再現將會被其他新的形狀和顏色所引發出來的其他可能的再現，取而代之。

在此有關視覺和語言的敘述有其重要的含意。在藝術史上，以圖畫來描述故事的例子不可勝數。我們很快會討論 Ben 在接下來幾個月中，如何在一系列的線畫活動中發展這項能力。這項視覺和語言的對話並不只含蓋 Ben 的線畫活動；更確切地說，他整個現實生活都變成這項持續且流暢的對話了。當我們觀察 Ben 在符號遊戲的迷你世界中運用積木和樂高玩具所進行的建構方式時，我們就可看到他從動態遊戲（代表著動作）進展到具體形象的運用他自己的基模。而事物的形狀即呈現在此基模的運用中。

木製積木、樂高玩具、玩具車、玩偶和繪畫材料等散落在房間四處，乍看之下這似乎很混亂，但事實上它是「經過精心的安排」，並會在數日中產生變化。此時，Ben 感興趣的主題是火。

Ben 呈現出火可能具有的多種形態，有時是猛烈的大火，如飛機墜落並突然著火，或是車子在山邊燃燒起火。有時，火成為飛機或太空船的動力燃料。在圖 63 中，他畫出火漫延燃燒**通過**代表一架太空船的兩條平行線。在上面的「B」是他名字的縮寫，Z 形線條則代表描述這幅畫的「文字」。這同時是他畫「通過」這個主題的時期，如先前提及的煙（或是聖誕老公公）通過煙囪。此時也正值秋天，他的社區正好舉辦篝火之夜（bonfires）的活動。Ben 當時只有三歲三個月大，所以前一年的秋天他可能因為年紀太小，而沒有對火留下深刻的印象。

在此，這或許也有另一層的符號意義：即他的遊戲主題似乎都與能量的傳送和控制有關，這包含了視線、軌道、撞擊和爆炸的時刻，這些主題也會出現在槍枝的遊戲裡。對三歲大的幼童來說，這些遊戲讓火成為十分顯著的意象。這類遊戲（特別是男童的遊戲）是所有再現形式中受到最嚴重的誤解，這對再現發展十分不利。除非我們能用中立且嚴謹的態度來研究男孩和女孩的遊戲前，否則來自女性主導的社會工程（social engineering）的錯誤觀念，將會對再現發展造成極大的傷害（Sumsion, 1999）。的確，無人照料的孩童可能會有機會接觸到真實的槍枝，並因此產生悲劇。然而，雖然成人（不只限於男人）

圖 63　火燃燒漫延並穿過代表一架太空船的兩條平行線。在其上面是 Ben 名字的
　　　縮寫「B」。Z 形線條是表達這幅畫的「文字」

可能會混淆再現和實際情況，但是孩童並不會。

☀ 三度空間的結構：和二度空間作品的關係

有天，Ben 收攏一把彩色塑膠吸管（事實上，它們是一套組裝配件組），
然後，他不斷將它們往上丟擲，同時發出火燃燒的聲音。他正在呈現火的動態
層面，色彩艷麗、跳動的火焰聲和動作。十天後，他逐漸將其他的物件加入他
堆積如山的玩具中，包括樂高玩具和積木（見圖 64 和 65）。

通常孩童對物件進行分類的第一種方式是「堆高」物件（'heaping' ob-
jects）（Athey, 1990），而 Ben 起初就是用這種方式呈現火焰。他不斷攪動這
堆玩具，讓它成為一個不停移動的聚積物，藉此表現出火不斷燃燒的狀態。在

圖64　Ben 三歲三個月時，最初建造的「火」

這段期間，由於 Ben 在這火堆中加入或移除不同的東西，以致這堆「火」不斷產生變化。Ben 的睡袋甚至一度成為他製造火的元素之一，這個堆砌行動是用來標定出火的界限。逐漸地，他改變了移動積木的方式：少了混亂和翻弄的舉動，多了小心調整物件的態度。最後，Ben 調整這堆積木、樂高玩具和一些吸管的態度，就好像它是一件雕塑品。

在這遊戲情節裡，火不斷面臨轉變，但有部分情節卻只有少許的變化。除了每日少許的變化外，有排汽車和人物角色都會排列觀看這堆火焰。這些人物角色包括一個叫唐老鴨的牛仔、一隻將淡色的「玫瑰」當成帽子的塑膠熊，以及一個會發出「吱吱作響的人」。這個會吱吱叫的人是個柔軟的塑膠玩具，當它受到擠壓時，就會發出短促、尖銳的聲響（見圖64）。在這幾天的遊戲中，火是主角，它歷經了許多重大的轉變。這樣的排列組合是一個在三度空間中有中心點的輻射圖形的版本（core and radial），也就是 Ben 在圖畫中（二度空間）所使用的視覺結構。在遊戲的尾聲，Ben 小心翼翼地用積木和樂高玩具堆成塔狀來表現火舌，而非建築物（見圖65）。

119

圖 65　Ben 稍後所建造的「火」

　　不論這個雕塑品是代表一棟建築物，或只是一塊塊平衡於彼此之上的積木，它都烙下令人深刻的印象。事實上，因為此雕塑代表一種像火焰般短暫的事物，以致於它更顯得格外有意思了。Ben 學會以類似的方式，將三度空間的題材應用在二度空間的媒介上。他也察覺到事物（如，火）的動態和具體形象的層面。在這十天中，Ben 自由、無阻地把玩建構和繪畫素材（Bruce，1991）。他從能及時捕捉火焰的動作再現，進展到將它的形狀具體呈現在空間的再現層次。動態層面的基模會引導且豐富具體形象的層面。在某種程度上，Ben 的想法像是個有創造性的成人思想家或是藝術家。這樣的思考模式是從一個模糊且未成熟的草圖開始，並且歷經所有的可能性和變化，然後達到它最終的體現狀態；具體說來，就是這個最終表達出來的成果含蓋了所有思想家所關注的主要特徵。

　　在此有些值得我們注意的教學意含。首先，發展的過程是需要一段時間。在傳統的幼稚園和托兒所的環境中，大多數的孩童幾乎都沒有這樣的機會。其次，Ben 運用物件的方式，有時不是以原先（成人）設計它們的目的來使用這

120

些物件。他運用塑膠吸管的組裝配件組的方式就是個例子。

在這個過程中，存在於不同種類的物件之間的功能性類別（functional categories）已經被破壞，而不同類別的物件也被混合在一起。這包括了一面鏡子、一條睡袋和一朵淡色「玫瑰」等其他居家物品，都和人造玩具製品混合在一起。同時，每樣事物也都轉變成 Ben 的玩具世界。有次，Ben 找到一本有關太空旅行的書，書中有張火箭起飛的圖案，它的燃燒室噴射出火焰。他打開那一頁，然後將它擺在地上，接著，他在這二度空間的火焰圖案上面，建構起另一個代表火焰的積木體（三度空間）。雖然 Ben 和其他同齡的幼童都能分辨圖像和立體形狀的不同，但他們卻對再現系統間的界限和慣例（甚至是二度和三度空間之間）完全沒有先入為主的觀念（見圖 66）。

121

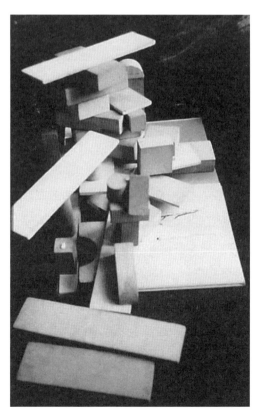

圖 66　運用積木和一本書中的圖案，結合三度空間的火焰和二度空間的火焰。這是 Ben 三歲三個月大時製作的

122

　　Ben 並非異於常人，大部分的幼童如果有機會也會這麼做，但像這樣的行為通常會被成人阻止。例如，我在新加坡也觀察到，三歲的華裔幼童同時拿著飛機的圖片和紙飛機，並讓它們一起在空中俯衝、飛翔著。然而，當成人事先將玩具和書分門別類，並預設兒童應如何運用它們時（近來「強調孩童的專注力」的建議即是來自於這種假設），這樣的思維就不可能會產生。我和 Linda 並沒有以我們的標準來限制 Ben 使用任何藝術材料或媒材，我們也沒有介入他混合運用不同物件的行為。Ben 將線畫材料和其他玩具混合使用。偶爾，他會停止建造的活動，而改為畫畫。他思考二度和三度空間的方式會彼此影響。在這層次上，更重要的是，因為 Ben 的思惟深深烙印在他玩遊戲時對物件所做的動作上，所以，若我們每天都將這些物件整理並收拾妥當，就會完全打亂他流暢的思緒。因此，Linda 和我只會將雕塑品周圍收拾、整理乾淨，但會將這聚積物原封不動地保留下來。

創造力的生態環境

　　很多教師誇大了在課堂中允許這種發展的困難性，我們應該以超越僅是維護居家事務的概念，重新設計幼兒環境。如果我在一個小時後必須將現有創造出來的東西歸零，我就無法寫出一本書或創造出一件藝術品。當老師無法保留實際的建構物或雕塑品時，他們可將學生的作品畫成圖像，並在下次課堂中根據這張平面圖或詳圖，將它重新塑造出來；或者也可將學生的作品拍成照片或錄製成影片，再將這些資料當成重新塑造作品的詳圖。這些都可成為評估和製作學生資料冊（pupil-profiling）的有效方法（Bartholomew and Bruce, 1993）。更重要的是，這些記錄學生作品的方式以及重塑行為本身，都將會豐富教學的可能性。幼童對於可以用不同的形式記錄和重新塑造自己的作品，會感到相當有趣。幼童可以學習記錄自己的作品。Rebecca Chan 和我已證實，兩歲大的幼童能用錄影機自行記錄自己的作品。或許他們也能學會從記錄先前作品的圖畫中，重新組合自己的作品。在此要澄清的是，這與高瞻課程（High／Scope）及其他類似的方案並不一樣，那些方案要求孩童在他們拿到素材*之前*事先做規劃（Hohmann, Banet and Weikart, 1979）。由於傳統的學者誤解和蔑視身體及

感官的經驗，並且傾向規劃純理論、又脫離現實的教育課程，導致這方面的學術研究和知識仍然被忽略。遊戲、建構和依詳圖重新建構等行為，是孩童「解讀」和重塑世界的基礎（Freire, 2000）。對孩童來說，只有多次練習運用素材的可能性之後，他們才有可能學會在製作事物之前，預先做好規劃或計畫。一般成人藝術家也會覺得要對他人解釋自己將會創造出什麼作品或正在做什麼是件困難的事（身為藝術家，我有時也無法完全解釋自己的作品），更遑論要求孩童如此做。所以，我認為規劃出對孩童有此期待的課程，是另一種制度化壓抑的形式。

在此，我想提出另一個相關的要點。通常老師提供積木遊戲，是因為他們假定這是一種群體及共享的活動；因此，完全個別及私人的建構物很容易受到破壞而不易保留。如果教育者要宣稱幼兒教育無法為個體的發展過程做出任何調整，那麼我們應該要質問：「幼兒教育為何存在？」這些嚴肅且重要的相關問題。

在時間和空間中呈現較複雜的事件

接下來，我們要探討 Ben 如何畫出存在於物件和事件之內，以及兩者之間的關係。

Ben 在三歲三個月時所畫的圖 54 即是個好例子。我所有的分析都是依據 Ben 親口告訴我圖畫的內容推導而成。這張圖表現出聖誕老公公到達一棟房子的屋頂上。聖誕老公公是以兩種姿態呈現在時空中。有個封閉或完整形狀代表那棟房子，Ben 在那個完整形狀內畫出了高和低的關係。有條平行線將它割分為二，並呈現出樓上。有幾個禮拜，Ben 不斷地在畫紙上探索高、低關係，如圖 67 和 68。他說：「火車『爬上』一座橋。」（見圖 67）以及「墜落到橋底『下』。」（圖 68）

畫高低關係的發展會一直持續到它形成一條真實的垂直軸為止。這似乎就發生在 Ben 畫的圖中有間有著「樓上」和「樓下」的房子；其中，樓上和樓下的壁爐與煙囪形成一條垂直線（圖 54）。也許，他正在畫一個樓上的剖面圖，或是一張樓上的完全透視縮小圖。如同我先前在「為了動物的骨頭在地上挖洞

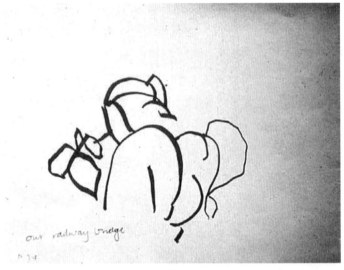

圖 67 「火車『爬上』一座橋」，Ben 畫於三歲三個月大

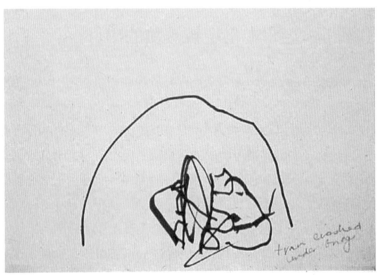

圖 68 「一輛火車墜落到橋底『下』」，Ben 三歲三個月大的作品

的人」的圖畫中（見第五章的圖 50），對透視縮小平面圖和剖面圖所做的評論。Ben 也畫出一張可能的「側面圖」，或是一張放置物件的桌上的完全透視縮小圖。在圖 52 有詳細的「在桌上」的透視縮小圖（也是在第五章）。

　　Ben 並不介意是否要精準地畫出屋子裡的界限或桌角的角度。我們若因此將 Ben 的圖畫視為有缺陷，我們就牴觸了幼兒教育的原則（Bruce, 1987）。這種負面的態度會認定 Ben 無法成功地畫出一棟「真正」方正的房子和一張「真正」的桌子。持著這種缺失不足理論取向（deficit theory approach）的成人，可能為了糾正這些所謂的「錯誤」，而向孩童指出在「機械式或制式環境」中的直角，如九十度角的窗戶、門扇和桌子等。有人可能會認定 Ben 無法畫出九十度的交叉線或交接處，因而更加確定 Ben 所謂無能的部分（即無能力畫出正確的房子和桌子）。但這些說法都完全誤解了 Ben 的再現方式。首先，我們應先摒除下述的觀點：「也許他的圖畫表明，他根本無法畫出不同的交叉線」。當我們觀看這幅畫的不同部分時，我們就會發現到，某些物件是由九十度的交叉線或是交接處畫製而成的。待會兒我們會再回頭討論此部分。但更重要的是，Ben 此時所關注的議題並不是房屋的幾何特徵（Euclidean properties）。他用一個能圍繞住人們和傢俱的體積來表現這幢房子。在這基本的**拓樸**幾何結構中（Piaget and Inhelder, 1956; Willats, 1997; Tormey and Whale, 2002; Whale, 2002），他加入了高低的關係，藉以呈現出物件是放置在桌上的。同時，為了讓聖誕老公公得以從煙囪順利地滑落至壁爐，他也畫出這兩者的垂直線關係。

　　之後，當 Ben 認為控制角度變化很重要時（如畫製角落時，或意識到角度變化對於文字和數字的形態非常重要時），他就會控制線條交叉處的角度，或在線條交叉處運用「轉向的時刻」的技巧（Chris Athey, personal communication and Athey, 1990）。我們剛才所討論的圖畫並沒有將歐幾里得幾何的特性完全應用在所有圖形中；但因為這些具有歐幾里得特性的圖形仍然零星出現在畫中，所以，Piaget 的幾何系統發展的階段理論並沒有辦法用來充分解釋它們（Willats, 1997）。

　　Ben 融合了本質是拓樸學的字體幾何知識（內外、界限、閉合、凹陷、連結）、動態的知識（物體從一處移動到另一處的動作，如聖誕老公公移動自己的位置），以及其他的歐幾里得幾何的訊息（也就是有關於物體真實的形狀，

以及線條連接處的角度）。

　　如上所述，普遍認定孩童是因為運動神經的規劃和控制（motor planning and control）有問題，所以才無法精確地畫出線條之間的角度，這樣的論點還認為，幼童根本不可能將線條以必要的角度連結在一起，但這項概念根本無法通過詳細的審查。舉例來說，Ben在圖畫的某些部分充分表現出自己是相當有能力畫出垂直的交叉線和平行線。值得一提的是，他運用這些交叉線條和結構，是為了捕捉自己而非他人認為重要的訊息。例如，他運用這些線條和角度不一定是為了表現長方形、「機械式或制式的」外形特徵或桌角等等。對Ben而言，那張桌子的重要訊息在於有聖誕禮物「放在它的上面」。然而，在此他卻用平行線和近乎垂直的交叉線，來表達這些對他來說是重要的物件和事件。靠近圖畫的下方，畫著Linda正在吸地板，即是個好例子：一片小紙片即將被吸入吸塵器內。Ben在吸塵器底部畫出成組的平行線，這可能是為了表現出無形的吸塵動作。

🔵 穿過一個物體

　　Ben透過管狀通道來呈現另一個動作，聖誕老公公進入煙囪內，並從煙囪降落。Ben此時正在思考不同的時間點和空間的位置。我們可以看到聖誕老公公在位置1（坐在他的雪橇上），隨後在位置2之處準備從煙囪降落。值得注意的是，我們是在看著一個人（聖誕老公公），而非兩個人。Ben以兩個不同的時間和空間的瞬間點來畫聖誕老公公。所以，就Ben對發生在空間和時間的事件和物件的瞭解以及其組織能力而言，這幅畫是相當複雜的。很明顯地，他對將要發生這事件的房子本身，已經做過周詳的思考，並且也對它的幾何結構略知一二。當他扮演聖誕老公公的冒險經歷時（他的旅程是從空中，到屋頂，然後再從煙囪往下降落），這幫助他建立和整合自己對時間和空間概念的理解，進而有能力畫出這幅圖畫。先前，我在討論孩童對時間和空間的起始和結束極感興趣時，就已經談論過與這項發展的萌芽期有關的概念了。當孩童在一條線上畫圓點和斑點（dots and blobs）時（見第六章圖56），或在遊戲中單腳向前跳躍時，或是假扮成一隻正在跳動的兔子（Wolf and Fucigna, 1983），或將小玩偶沿著一條線上下跳動製造出它們的腳印等等，這些例子都是孩童運用

行動和物件來表達出時間和空間的次序。

 ## 動作和時間：狀態的改變和位置的變化

在生命歷程中的不同時刻，兒童會不斷重複探索瞬間流逝於空間的時間。Ben 所畫的「國王和城堡」系列圖，就是個極佳的例子。在畫中，他談論到「一位國王從一座城堡上摔落下來」（見圖 69），這位不幸的人從城堡塔樓跌落下來。他以不同的墜落階段往下掉，直到在他墜落撞擊的地面上呈現出動態的彎曲線條為止。當他墜落時，他的王冠在半空中脫落。我們可明顯看到 Ben 正試圖要協調和畫出兩個物件的墜落路線（flight-paths）或軌道。它們兩個從同個地方開始一起下墜，之後卻墜落在不同的地方。

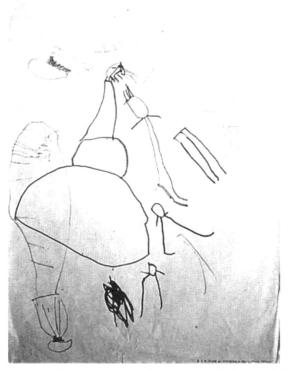

圖 69　Ben 在三歲三個月大時，畫了「國王從城堡上摔落下來」

隨著時日的流逝，Ben仍然不斷在思考國王的動作。在另一幅畫作中，有天國王散步到小山丘上，並帶回一隻還飛在半空中的風箏（圖70）。這幾乎是和前一幅畫的情境相反。因為在此，原先兩條不同的軌道最後會合在一起。在另一張畫作中，又有一天，國王跳下城堡，然後去散步（圖71）。在那幾個禮拜中，這個主題一直重複出現在Ben的遊戲和線畫中。事實上，是他當時所擁有的同心圓杯組玩具，引發了這系列圖畫的創作。這個玩具是由一組大小不同的杯子組合而成，這整組玩具可按尺寸收納，並能全部放置於最大的杯子

圖70 「國王走上一座小山丘，並牽回一支仍飛在半空中的風箏」，Ben 畫於三歲三個月

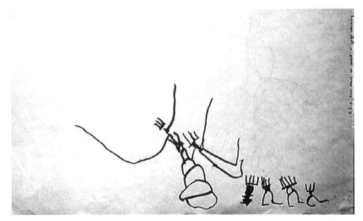

圖71 Ben 三歲三個月畫出「國王跳下城堡，然後去散步」

內；或將最大的杯子顛倒放著，形成一個基座，其他的杯子可以由大到小，將杯緣放在彼此的上面，堆成一座高塔。最後、最小的一個物件可以放在同心圓杯組的中心（即被放在最裡面的杯子中），或者是被放置於這座高塔的頂端，即一個兩端封閉的小塑膠管，在上面印製著一張臉和一頂王冠（也就是國王）。在遊戲中，Ben 用玩偶國王推演出不同的墜落路線。他也會用其他木製積木堆成的高塔，來進行這項推演遊戲。Ben 用這些高塔附近的玩偶，研究出各種類型的軌道。這些具想像力的遊戲情節，會在二度空間的圖畫紙上，以及三度空間的假想遊戲世界之間，來來回回地進行著（Bruce, 1991）。

128

事件順序：視覺故事

Ben 在三歲三個月時，畫了一幅很有趣的圖畫（圖 72），他畫出從托兒所到家裡的路途。Ben 對畫出直線路徑（a linear route）的起點和終點的興趣，在此已經轉換到另一個新的思考層次。在線條的右邊，一個小的完整或封閉形狀代表著托兒所。我們順著這條線（代表馬路）走下去，到了位置 1，此處畫有站著的 Ben 和 Linda，及躺在嬰兒車內的小弟弟 Joel。我們繼續沿著路走到左邊，跨越鐵道，爬上陡峭的小丘陵，經過通往保姆家的路上，便會到了家人和嬰兒車所在的位置 2。由此我們順著線條走到盡頭，我們家就被畫在此處。

每樣畫在圖上的事物都顯示出 Ben 的路線順序是正確無誤的，他也畫出這條路線和其他路線的關係。這幅畫含蓋著地理和敘事的雙重層面，鐵道所跨越

129

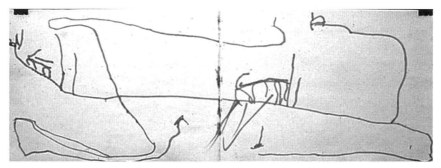

圖 72　Ben 三歲三個月大時，畫了「從托兒所到家裡的路線圖。」

的平交道，是從倫敦前往利物浦探視爺爺奶奶的路徑的一部分。就在同一時期，Ben 畫製出（以這旅程的整體性而言）像是地圖般的畫（map-like drawings）。相較於其他同樣路線的專業地圖，這張圖畫並無方向指示的價值；它的線條是以繞圈、連續交疊的蜿蜒形式呈現在畫紙上。Ben 知道，在現實中從倫敦到利物浦並沒有那麼多彎彎曲曲的鐵路線，鐵軌通常是直的。然而，在一個持續的行動再現中，Ben 若要在有限的畫紙上，盡可能擠出同樣多的時間和空間來，那麼將路線摺疊畫在一起，即是一種有效的方式。在此，線條比幾何圖形更可保留住路程持續性的特性（見第五章圖 51）。

數天後，Ben 畫出一艘正從水裡起飛的飛行船（見圖 73）。一條橫線代表水面，他可能想要呈現出水面和半空中之間的界限。他在這條線的上方畫了一個完整或封閉形狀來代表飛行船（或許是一張剖面圖），它正從水裡起飛，然後飛入空中。在同一張紙上，Ben 為了呈現出飛行船正從位置 1 飛到位置 4，他將這艘船重複畫了四次。「起飛需要花時間」，這是 Ben 為自己將同一物件畫了四次所做的解釋。他在每個圖像的底部都畫了成群且大致平行的線條，這些線條的形式就像是他在圖 54 中，表現紙張被吸塵器吸入一樣。但在這張圖

圖 73　Ben 三歲三個月時畫了一艘歷經四種時間和空間位置的飛行船

畫中，它們代表的則是當這艘神祕的飛行船起飛時，逐漸流逝的水痕。

整合水平線和垂直線

有趣的是，在這張畫紙最右邊的位置 4，因為飛行船是以旋轉九十度的形式被畫出來，所以它的水流痕跡（the trails of water）（成群的平行線）是以水平方向流逝，並且停止在前面那艘船的最後一條垂直線的水流痕跡上。飛行船位置 4 的平行水流痕跡和前一艘船的最後一道水流痕跡，形成了垂直的交叉。

針對這部分，有許多可能的解釋方式。Piaget 和 Inhelder（1956）就會認為這是因為 Ben 無法以整合的形式，將這幅畫的不同部位畫出來：即他無法讓每樣東西都符合水平線（x 軸）和垂直線（y 軸）的歐幾里得幾何學的整合系統內。還有學者持另一種稍微不同的看法，他們認為 Ben 無法以廣泛且全方位的上下關係，來思考畫中細節部分的上下關係。在 Piaget 和 Inhelder 的研究中，他們讓幼童看直立和傾斜容器的線條畫，再加以研究幼童是如何畫出圖中這些容器內的水位。他們也研究幼童如何在預先畫好的山丘輪廓的一側，將樹排列畫出來。由 Gavin Bremner（1985）執行的研究指出，幼童能瞭解在現實世界中水平面和垂直面的概念；但他們卻無法將這些畫出來。Bremner 認為這是因為在線畫過程中所產生線條和交叉線的強大視覺效果。然而，我則認為，因為這些研究都與幼童的即興線畫無關，所以它們並不適合用來解釋真實世界的情境。還有它們也沒有充分處理 Willats（1992; 1997）所強調的研究議題，例如線畫表現方式的限制和可能性。通常這樣的研究不是牽涉到要求幼童在某人的繪畫作品中畫入某些東西，就是讓幼童去模仿一幅畫。這些研究都無法幫助我們瞭解幼童的即興或是自發性線畫。

孩童在即興線畫中，他們可以自由、無阻地嘗試各種線畫的表現方式，他們時時刻刻都要為視覺結構做出抉擇（Bruce, 1991）。畫線畫是一個流暢且多變的事件；而在此事件當中，線條的**符號價值**（**denotational** values）（此線條代表的事物）經常是不確定或模糊不清的（Willats, 1985; 1997）。線條所象徵的事物時時刻刻都會改變。因此，當 Ben 在畫出象徵船 4 底部的水痕時，它們正好很方便地結束在一條底線上；而這條底線就在前一刻，代表的卻是船 3 的另一條水流痕跡呢！

當我們認為 Ben 並不是將這張完成圖視為一個整體或是一幅單一視圖的圖畫時，這樣的思考方式就和上段所敘述的思考方式如出一轍。因為水必須從船底流溢而下，而這項規則延續到了船 4（即使它被以九十度旋轉至側邊）。這有可能涉及到先前提及的客體或物件中心類型的訊息以及語言能力。換言之，即對物件的口語描述，包括像「上面」和「下面」這樣的措辭。這可能意謂著這些不同的誘因系統（包括有關物件的語言、視覺、聽覺，以及動態的「知識」）尚未彼此重疊和連接在一起。另外，還有個可能性，即 Ben 正在表達當飛行船翻轉至側邊，然後加速度飛走時，水流痕跡在時空中被遺留在後。Ben 從洗澡時玩掌上型的飛行船當中，學會了水痕及水如何滴落或傾瀉而下。

這些解釋都不相互牴觸。就如 Nancy Smith（1983）所指，為了使象徵性的想法倍增，再現發展的萌芽階段必然會是無規則的。

兒童從他人的圖畫中獲得學習

Ben 當時所熱衷閱讀的漫畫書，則是另一項影響他畫出這個和其他連載圖像的因素。他特別對「魯伯特」（Rupert）圖畫故事書感興趣。偉大的英國藝術家 Alfred Bestall 以一系列的「靜物畫」或是「畫面」為此故事畫插畫。在魯伯特多項冒險的故事中，有艘從湖中起飛的特殊遊艇，水流痕跡的確從船底拖曳而下，逐漸流逝了。然而，這些遊艇的圖案基本上是不同於那些 Ben 所畫的圖，Ben 並沒有「複製」Bestall 的圖畫，但他將它們「過濾篩選」，就好像是透過發展基模在「過濾篩選」它們一樣。這些基模會影響他選擇某種存在三度空間和圖像環境（二度空間）的結構。我曾經認為這些好像是種心理模板（mental templates），但這並無法捕捉它們的動態、自我啟發和更新的不同層面。我們會再回來討論這項要點，因為它將可以協助我們瞭解孩童被教導或受影響的過程。

和兒童談論圖畫是如何產生意義和作用

大約滿周歲後，Ben 就喜愛和我一起看圖畫故事書，兩歲半左右，很明顯

地，他開始試圖找出連載圖像模式的傳統手法。他會問：「為什麼有一個以上的魯伯特呢？」我解釋道，事實上只有一個魯伯特。第一張圖在顯示魯伯特從他爸媽的房子出發，而下張圖則是在不久之後，他到達另一個地方的狀態。

Ben 對我的解說相當感興趣，這些對話在我、Ben 以及他媽媽之間，形成非常重要的互動的一部分。在此互動中，我們討論他自己和別人的圖畫是如何產生作用。我們的對話幫助他談論自己畫畫的方式。自從我們協助他思考自己的圖畫是如何產生作用後，Ben 就更能自由地控制自己畫畫的過程。當畫畫是即興活動時，兒童線畫發展所呈現出來的特性需要透過和其他人及成人提供的藝術材料進行特別的互動，才能使兒童線畫發展得以完全。這個互動包括接觸其他畫家的圖畫作品，以及討論它們是如何產生作用。當 Ben 漸漸長大，與他更進一步談論自己和其他藝術家的圖畫，更可幫助他發展自己在畫線畫和繪畫上的技巧。

令人惋惜的是，近來有關互動的理論因核心概念受到誤解而被扭曲了。以上所述，我將其歸咎於重要的幼教專有名詞的誤用，以及互動和支持概念受到不明顯但卻具傷害性的曲解，在此，有幾點值得提醒讀者。首先，這互動並不需要或不僅是在口語的語言表達上；它也不是意謂著要取代孩童的作品，或要求他們依循指示規定作畫。有時，孩童的藝術作品可能會在他們和成人的對話後，很自然地因應而生。有時，極少的話語就會對孩童產生極大的幫助。在某些時候，語言則是完全不需要的。

 ## 為數不多的線畫規則產生多種的圖畫

改變狀態和變化位置這兩種概念的出現，似乎在此時期形成了許多 Ben 的作品當中的深層結構。他興致勃勃畫著事件的狀態及物件的形狀，他所畫的連載圖像的圖畫，不時穿插著其他各種趣味橫生的主題。就正規的術語來說，他會使用的線畫語彙非常有限。但是，Ben 即使稍微改變所畫的事物，他仍然能運用自己那現有又少量的線條和形狀作畫。當我們在思考要如何畫出一張畫時，這就再次突顯出考量圖畫內容也有多麼重要，因為這些彼此都會相互影響。Ben 所畫的事物將會影響他如何運用自己所知道的線畫規則。

133

Ben 在三歲三個月時畫了圖 74，它是一位太空人在月球上留下足跡的再現圖像。在圖畫的底部有個人像，他透過透明的蒼穹頂部向上看著靴子的足印。先前，Ben 在公立圖書館裡，看到第一位太空人在另一個世界中留下足跡的著名照片。這個強烈的影像立即帶給他很大的震撼。「那是什麼？」他問道。當我解釋它是足印時，他很容易就能辨識出來。他問我更深層的問題，而我也盡力回答他。這些問題涉及的概念層面，即使對成人而言都還相當困難呢！更遑論要一個三歲幼童去理解它們。Ben 知道足印，也知道月球，但是足印怎麼可能會上了月球呢？書中的另一些照片顯示出，太空人在月球的土地上漫步。或許，對於一個三歲大的幼童而言，這些因穿著白色太空服而改變外形的人像，看起來一點都不像是人類。之後，當 Ben 在家畫畫時，他說那是一個「月球怪獸的足印」。

過了幾個禮拜後，從三歲兩個月（在他畫那幅 Linda 穿著她的工作服的畫時）到三歲五個月期間，Ben 畫了一張非常生動有趣的人物畫作，這些人物現在被我們稱為北美的原住民，包括「在長青草上，帶著旗子的印第安人」（圖75）、「六位手拿旗子的男孩」（圖 76），以及「一位射出很多箭的印第安酋長」（圖 77）。值得一提的是，這些圖畫都是用和下述相同的線畫規則畫

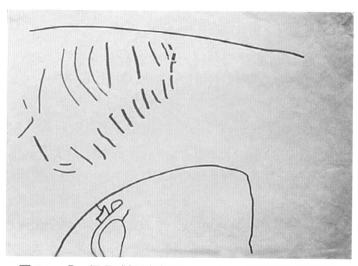

圖 74　「一個月球怪獸的足印」，Ben 畫於三歲三個月

圖 75 「在長青草上，
　　　帶著旗子的印第
　　　安人」，Ben 三
　　　歲三個月的作品

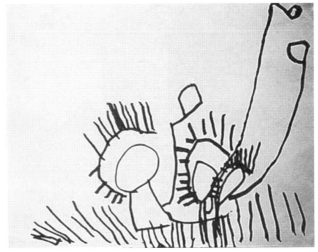

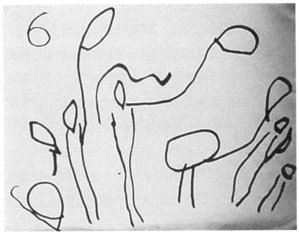

圖 76 「六位手拿旗子的男
　　　孩」，Ben 三歲三個
　　　月的作品

圖 77 「一位射出很
　　　多箭的印第安
　　　酋長」，Ben
　　　三歲三個月的
　　　作品

製而成的：

- 完整或封閉形狀
- 在直角交接處做變化
- 有中心點的輻射圖形的組合
- 在基底線上的 U 型圖形
- 平行的線組
- 鋸齒狀或 Z 形線條、波浪線和圓圈圈
- 劇烈的彎曲線條

　　這是 Ben 所運用的形狀和線條的摘要。三到四歲的幼童也常會運用類似的形狀和線條。Ben 的畫作與眾不同之處在於他變化、調整和組合這些形態的方式是具創造性和想像力，而且他似乎可以產生源源不絕的排列組合方式。他的圖畫具有震撼性。在 Ben 的圖畫中，線條的意義以及它們畫出來的方式（就按壓、速度和密集度的變化來說），會依據圖畫內容而有戲劇性的改變。封閉或完整的形狀可應用在臉部和物件表面，也可被用來表達整個物件體積的完整性。而單一線條可以用來表現體積、裂縫、金屬線、帶子、水流或是管狀物的體積（如手臂）等事物的界限。單一線條還可以被用來表明像水位以及貫穿地表的剖面圖般的假想線條。藉由稍微變化平行線組或讓它們和底線以不同的角度相連接，平行線組就可以被用來表現動物或人的腳、皇冠的尖端，或是工作服上的直條紋了；它們也可代表喇叭、煙囪，及人類身體等像管狀物體的邊界；它們還可用在表達太空靴的鞋痕、美洲印第安人的頭飾、長草，甚至是水和空氣的流動。行平線組可運用之處不勝枚舉。

　　直角的應用和變化也是多如牛毛，它是一種表現出形狀間不同和對比的有效方式。有種特殊的直角可用在有中心點的輻射圖形的組合上。孩童可用這種形狀畫出圓體與長形管狀物或像樹枝的物體之間的關係。蝌蚪人和太陽只是眾多此類關係的兩個例子。水從飛行船底滴落下來則是個較不尋常的例子。另一個直角附屬物的變化是基底線上的 U 形圖形。就像基本的完整或封閉形狀，它可將其他東西包圍住，例如一間房子將人們包圍住。藉由不同的方式將這種 U

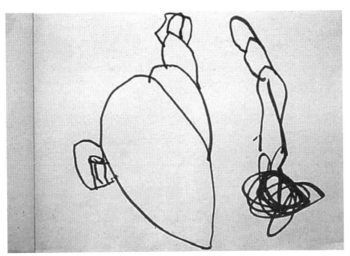

形圖形結合在一起，我們就可以畫出不同種像細胞狀的組合物。

U形可以被放在一起，而形成複雜的房子或太空火箭（見圖78）；或是將它們畫在彼此上面，進而形成一座足以讓國王失足跌落下來的高塔。

圖78　一座高塔（左邊）位在一架正要發射出去的火箭飛行器旁。兩者都是由在基底線上的 U 形圖形組合而成。在此，U 形是附加在前面一個 U 形的上方。Ben 在三歲三個月大時所畫的圖

Ben 和一些相當年輕的製圖師一樣，都能運用各種不同的策略，處理相同或類似的形態，他有非常多種畫圖的方式。例如，他可運用基本的完整或封閉形狀，或是在基底線上畫U形圖形，或是以像「e」或「6」一樣的游移圈圈等不同的方式畫出閉合物。雖然它們都不盡相同，但都能達到類似的效果。雖然有些學者強調幼童線畫的習慣性結構的取向（habitual structural preferences），但我認為若提供幼童正確的環境，他們並不會像想像中那麼執著於某種慣用的線畫模式。Ben 和其他的幼童都可以用不同的線畫動作，在不同的線條之上，以任何他想要的角度，將線條畫在線條之上。他也可在圖畫紙上持續畫出直線，然後在某個點上停止這個動作，再從另一個方向開始畫直線。他還可以改變變化這些角度的速度。就是這項能力使他畫線條時，可以掌控變化，並得以捕捉到波浪狀或是尖形的鹿角。

137

教育和幼兒照顧：我們可以做什麼？

我們不能因為Ben天生具有線畫和繪畫能力的事實，就認定其他孩童無法在這方面如魚得水。照顧者和孩童之間互動品質的重要性，並不亞於孩童與生俱來的特質，或父母親具備線畫和繪畫的能力。大多數孩童都能創造出本書所提及的視覺結構。或許 Ben 擅長以豐富的方式組合這些結構的能力有過於常人，但從我在新加坡和倫敦所執行的研究結果顯示，一個智慧型的學習環境就如同遺傳基因一樣，可造就孩童以不同方式連結不同結構的能力。孩童需要給予機會和許可去進行這些連結，倘若老師無法辨識這些行為能力的意義，又加以阻擋，那麼孩童將會逐漸失去引發自己新的視覺類別能力。這繼而會影響孩童在不同的知識領域中，運用交叉引用或是對照參考（cross-references）的能力。

我和 Linda 曾試著以理性的態度和 Ben 談論他的圖畫是如何產生意義和作用。要做到這點，照顧者需要對兒童的發展和藝術感興趣並對其有所瞭解。照顧者瞭解藝術過程如何激發孩童的發展，遠比他們本身擁有藝術技巧更為重要。我和 Linda 所做的任何事其他人也都做得到，即在我們的行動和對話當中創造出一個Ben和我們彼此都能交談的領域：一個對形態、形狀、顏色和意義有共同瞭解的範圍。

我在倫敦和新加坡所從事的幼教工作以及與我自己的孩子和其他幼童一起遊戲的經驗，都顯示當成人用認真的態度和孩童談論他們的圖畫，而非僅是以「非常好」來應付他們的時候，他們通常會感到非常高興。我們可以用一種有助益的方式和孩童互動，而這種方式可協助他們（在更有意識的層面上）瞭解形態是如何相互影響並產生意義。這個前提是老師、父母和其他照顧者必須要知道人類所需具備的知識領域有哪些（如數學、語言或是藝術），以及這些知識如何與人類的發展過程相互影響。如此一來，老師和父母就極有可能創造出一個有利孩童和成人皆可接觸到結構、形態和內容等概念的環境；在此環境中，每個人都有權利和自由地對形狀、形態和顏色之間的關係進行實驗，並將它們視為附有意義和情緒的符號圖像。

138

我們不能以「具有或缺乏能力」這種二分法來判定一個人畫線畫和繪畫的能力。有些簡單務實的方法可用來幫助多數孩童，豐富他們構圖和運用圖像的能力。舉例來說，一位疲憊的老師對一位孩童的圖畫做出看似無關緊要的回應，他說：「Jason，這是一條非常有趣的彎曲線。」儘管這可能聽起來相當平淡乏味，但這位老師已經傳遞給這孩童下面幾項訊息了：

- 他的作品有吸引人的地方
- 對於他所畫的線條樣式或種類給予一個描述性的詞彙
- 一個附加的名詞修飾詞讓這位孩童感受到，這一條特別的彎曲線有能力引發別人的興趣

即使從這樣老套的評論中，這孩童也可以學到符號系統的多層意義。這意謂著，此孩童不但獲得線條和符號痕跡是屬於幾何圖形和數學類別的概念，並且（就如 Nick McAdoo 在我們的談話中提及）它們還具表達的特性，而這項特性是屬於美學的領域，並不能以數理來描述之。

對於老師和其他大人而言，問題所在並不是要學會對孩童說什麼，而是要學習去觀看，而且是沒有偏見地看。具備發展理論的知識對此當然會有所助益，一旦你能看得到的時候，你就會知道要說什麼了，但說話並非總是必要的，用話語對孩童進行疲勞轟炸是最糟糕的方法（Bruce, 1991）。如同 Dennis Atkinson（2002 forthcoming）提出兒童發展終究是難以用筆墨形容的。我們對孩童的畫所作的描述的確都會含有一定的真實性，但如果這位老師對兒童藝術真的感興趣，並樂意學習它，這樣的感受和態度都將會傳遞給這位孩童。真誠的接觸是開啟與孩童對話的鎖鑰，我們也應該協助他們發展出一個稱為**後設認知（metacognition）**的獨特思考模式：即有能力去思考自身的想法。這能幫助孩童理解他們自己如何瞭解事物。這也適用於思考和運用形態、形狀、顏色、線條和行動上。更重要的是，它是定義「何謂有讀寫能力」的一部分。有時，老師的一個鼓勵聲或姿勢就已足夠了，因為這傳達了彼此充分瞭解對方的訊息。在此，完全沒有絕對的規則：但這部分往往是許多人難以理解的生活真相。有時候，我們甚至需要假裝自己對孩童的特定一幅畫作沒有興趣，這是因

為若我們表現出一絲絲的興趣，我們很可能會干擾他的作畫過程。在這種情況之下，仍然需要將這些觀察記錄下來。這些都要視孩童和教師之間彼此的瞭解和信任關係的發展而定。最好的老師是以學習夥伴的姿態和幼童相處和互動。老師對兒童而言，是他們智能冒險活動中的一位成年夥伴。

　　另一種成人與孩童的互動方式即是，當孩童畫線畫和繪畫時，成人也實際參與在這些活動中。但這項建議本身就有其危險性，因為矛盾的是，最常執行「實作」互動形式的老師，通常是那些對兒童藝術的瞭解最刻板和有限的人。對藝術（或對任何事物）的無知或不瞭解，本身並不是一項罪過；但是，不願意從孩童身上學習藝術，則是一種罪過。操控和干涉孩童的作品（例如，在他們的作品上黏貼東西、切開它，或將它重畫等），都是相當不顧他人感受的行為，而且通常這樣的行為對孩童傳達了「他們的努力是不夠」的訊息。這樣的老師通常會採取一種規範取向的教學方式（prescriptive approach），亦即持著既定不變的目標（通常是最陳腐的那種）。這些方法只會讓孩童淪為像是在「家庭工廠」（cottage-industry）的生產線上，大量生產陳規瑣事的奴隸罷了（Athey, 1990; Bruce, 1991），這完全阻斷孩童發展其符號形成的重要過程。在英國，英格蘭國民教育的藝術課程使這個問題更加嚴重，縱使這課程活動是採用所謂聽來更像「真的藝術」的「基本藝術原理」和「直接經驗」（靜物繪畫）等「藝術」專有名詞的概念，來取代製作制式化的聖誕天使和母親節的卡片，可是這些和其他原理仍然同樣是和一種專制的形式緊緊地拴在一起（Matthews, 2001b）。自從我第一次出版此書後，雖然國民教育課程已經修正過許多次了（它那不扎實的課程結構都是在倉促中被修改的），但是對於發展中的兒童而言，這個課程充其量就只能夠滿足他們的需求；但往壞處想，這是另一種兒童虐待的形式。遺憾的是，因為當今的政府醉心於社會控制，所以到處都充斥著一種氛圍，即要牢牢地控制兒童和成人呈現世界的方式。就另一方面來說，即使當政府將藝術視為不具重要性的次要課程時，實際上，政府卻又一直（而現在比以往更是有過之而無不及）冀望能夠緊緊掌控兒童是如何表達其經驗。無論藝術課程是以過時或傳統的視覺寫實主義或以超酷的後現代詞彙呈現出來，這些一點都不重要；當藝術課程著重在知識的傳遞，而不是注重呈現於兒童內在的再現模式的發展上時，它對兒童發展就會造成傷害。而這種方式和

140

態度與我所主張的互動概念完全沒有一點交集。

除此之外，女性主義誤解男孩遊戲的本質，這樣的誤解也是造就再現技巧遭受毀滅的原因。因為誤認牽涉到視線、撞擊軌道，以及衝撞瞬間的遊戲是男性霸權和暴力的開始，所以幼兒中心和托兒所禁止與這些相關的實體遊戲。其實在女孩的遊戲中，也會出現與視線、撞擊軌道，以及衝撞瞬間等元素，只是這些並沒有被支配幼教的女性人員們意識到（見 Sumsion, 1999; Matthews, 2001c）。

 ## 摘要

從三歲兩個月後，Ben 為了能在自己的圖畫中，整合複雜的空間和時間的關係，他便開始修正和調整少數的形狀和線條。

就像其他多數的孩童一樣，Ben 所運用的系統，讓他得以畫出存在於物件之內和之間的結構，以及它們的動作。他所玩的積木和樂高遊戲，幫助他去思考並畫出物件和事件的動態和具體形象的層面，也就是它們的動作和形狀。為了表現出高低關係，Ben 將完整或封閉形狀再做細分。他畫出在時空中橫越、通過、向上和向下等動作的方向，以及這些動作之後的接續階段，他有時也會透過一個實體（像是一個煙囪或是一支喇叭）呈現出這些動作的方向和接續的階段。他也表現「在上面」的關係，並且畫出物件的透視縮小或前縮圖或是「側面圖」（例如桌子和鹿角）。這意謂著他正開始組織物件的再現，並且在三度空間的動作裡融入時間的象限（因而成為四度空間）。

其次，語言也包含在此發展中。這些圖畫都是和 Ben 的口語描述一併發生的。語言幫助 Ben 組織圖畫，但相對應地，這圖畫都是他語言的延伸。也許語言和圖畫之間，就如同其他的再現一樣，在動態的身體動作上都有著共同的要素（Allott, 2001）。這也許並非完全符合 Piaget 所指的一般「符號功能」，更確切地說來，語言、符號和標誌的結構都是源自於一個深層的「四度空間的語言」（Petitto, 1987）。而這四度空間的語言反應了製造它的動態系統（Petitto, 1987）（譯註：四度空間的語言在此意指嬰孩和照顧者運用於彼此相處時的姿勢、臉部表情和聲音）。

141

133

　　在這個豐富、多樣的作畫創作時期，Ben以線條和形狀畫出物件和事件的圖像，這些線條和形狀將真實的世界轉變成畫紙上的形狀，然而它們並不完全都是以同一種方式被畫出來。誠如我們所見，有些視覺過程代表著物件的形狀，有些則記載事件的狀況。下一章我會再探討Ben在圖畫紙上畫出的另一種圖像；但這些在圖畫紙上呈現出來的物件和事件，並不是依據它們的外形和情況被畫出來的，而是以一種非常不同的方式被呈現出來。

chapter 7

讀寫能力的起源：幼童學會閱讀

142

我們已經看到幼童會在紙上畫出表達物件輪廓和特性的形狀，也看到幼童運用圖畫來表達物件的動作，另一種類型的行動也被呈現在畫紙上。幼童開始意識到他們可以運用自己的符號痕跡，在畫紙上將自己的聲音和他人的話語具體地畫出來。如，Hannah 數算自己的線畫行動，於是她的繪畫行動與發出的聲音同步，還有 Ben 畫出音樂從喇叭中流洩而出等都是很好的例子（見圖80）。

幼童會去尋找存在物件外觀底下那永不改變的深層結構。例如，如果煙霧或是聖誕老公公可以通過煙囪（圖 79），那麼音樂就可以穿過喇叭（見圖80）。*143*

另一個例子則是當 Hannah 兩歲兩個月時和我進行的一場畫圖遊戲，在此，她自己的說話聲音「Ba-baa-baa」和那緊湊、左右搖動色筆的水平弧線動作是同步進行的。慢動作影像記錄分析顯示，每次張嘴的「Baa」聲幾乎是和筆畫的弧線動作完全一致，每次的行動和每次的口語聲「相伴而生」。我們是否有資格說每次的弧線筆畫，就**代表著**每一個「Baa」呢？說話聲和所畫的水平弧線之間有何相同的特質呢？她是不是正在記錄或是「寫下」每一個「Baa」的聲音呢？

然後，Hannah 要求我加入她的遊戲，在我發出「Baa-baa-baa」聲後，她用筆做了三次扇形動作。Hannah 保持了互動模式的一個完美、有節奏、又合節拍的遊戲，這重複了許多次。這就好像是她正寫下我口述的話語。

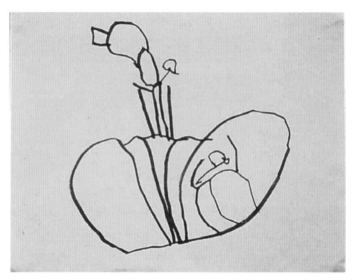

圖 79　Ben 三歲三個月時所畫的圖畫。聖誕老公公由煙囪往下滑落，從屋外到屋內。小寫的「b」是「Ben」（右下方），表示「Ben 在床上」

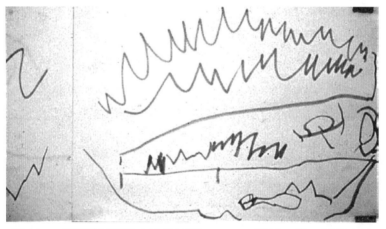

圖 80　「音樂從喇叭中流洩而出」，Ben 畫於三歲三個月大時

 **B 就是 Ben**

在圖 79 中，我們可以看到這些圖像雖然由類似的形式畫成，但它們卻是

以相當不同的方式在呈現這個世界。在圖畫的左邊，我們可以看到聖誕老公公從煙囪裡滑落下來，在右邊，Ben 正躺在床上。Ben 是由小寫的「b」所構成的：「b」代表 Ben——意謂著 Ben 正在床上。在此，表現聖誕老公公和 Ben 的方式迥然不同。如果我們要瞭解兒童發展，就必須能夠正確地分辨符號（symbols）和標誌（signs）之間微妙的差異及關聯處。我們必須以不同的方式「解讀」每個圖像。

144

- 符號：捕捉呈現物的某些外形。聖誕老公公的圖像就是屬於符號的類別。採用 Piaget 的定義，我稱之為視覺或是圖像符號。它們包括各式樣的物件、景象和事件的圖案。
- 標誌：標誌是可以將現實以非常不同的方式呈現出來的圖像，包括字母、字和數字。實際上，這些標誌的形狀和它們所代表的事件之外形毫無相關。

然而，雖然許多傳統文字語言的看法通常主張，字母和字的形狀是任意抉擇，而且也是慣常的（和圖案或符號相比）；但符號和標誌的區別卻不是那麼顯而易見。事實上，說話能力和人類的行動有套共同深奧的動作模式語言（Allott, 2001; Bruce, 1987; Athey, 1990）。雖然字（書寫或口語的形式）和它們所代表的事物（無可否認地）似乎是非常不同，可是在它們之間依舊存有某些自然的關聯。無論如何，我們學習如何讀取標誌（字母、形狀、數字和數學標誌）的方式，的確不同於我們「解讀」圖案的方式。儘管這兩者在人類的知覺能力上有共同的背景，但它們與人類腦部連結的方式卻不同：圖案是以明確、詳述事物的形態，而標誌卻是以創造話語和句子的方法與大腦連結。例如，當我看著圖 81 的左邊時，我會看到一匹馬，但除非我學過英文字「horse」，並知曉它的意思，否則我再怎麼盯著「horse」這個字看（圖 81 的右邊），也無法使我從這字上看到這隻動物。這也許是顯而易見的，但要記得幼童是第一次遇到這些不同的符號系統，並且需要弄清楚（通常是靠他們自己，且沒有任何外來的協助）這些符號系統是如何以它們自己的方式產生「意義」。

符號和標誌的差異，以及它們呈現現實世界的方式，並不容易被察覺。始

圖 81　三種表達「馬」的方式。左邊是一匹馬的圖像，在中間是中文字「馬」，
　　　而右邊則是英文字「horse」

於數千年前的中文字體，與它們所代表的物件的圖像相似，而且直到現今，中文字仍舊保有它們圖像的根源。中文字「馬」（圖 81，中間部分）是介於在較傳統的英文標誌「horse」和我所畫的馬的某處之間。不過，這些系統之間的差異，可能並不像我原先所想的那樣無法跨越，而且也許就在這個差異之中，孩童進行了最重要的符號系統的探究。幼童以線畫來區分出以下兩者的相異145處：「符號和標誌是如何運作的」，以及「符號和標誌是如何符合現實世界」。他們會探究物件、事件以及我們所製造出來的聲音，如何能在二度空間的紙上被具體畫出來。

　　Ben 現在可以畫出先前提及的完整或封閉圈圈。這已使他改變存在於視覺環境中許多類型的圈形（looped shapes），包括「b」「6」和「e」。就如同多數孩童一樣，他的首字母對他而言，別具深層意義。孩童都會將自己的首字母納入自己的遊戲世界中。在圖 79 中，有位由一個字母所構成的人，以及一個由視覺符號所畫成的人，它們都具有同等的再現地位。那個「b」的封閉形狀，甚至還睡在象徵枕頭的另一個封閉形狀的上頭呢！Ben 正躺在床上，睡在枕頭上。即使這兩個象徵頭和枕頭的完整或封閉形狀是以非常類似的形式畫出來

的，但它們各自所呈現的真實世界卻迥然不同。Ben 意識到多少這樣的不同呢？

　　當然，這個問題引出另一個備受爭論的問題，即成人的語言學專家對此又有多少瞭解呢（Deterding, 2002, personal communication）？許多研究書寫的發展或其發展初期的研究者指出，幼童就是有能力區分圖畫和字之間的差異。這是一個非常概略化的論述。有段時間，孩童會探究不同視覺結構是如何運作；同時，他們也會好奇不同圖像是如何具備意義，並積極為此尋求解答。Piaget指出，對幼童而言，字是其代表的物件的一部分。雖然 Piaget 的語言研究目前已經過時了，但他提出一個合理的論點，即一個物件和它的名稱之間的重要關係對兒童別具意義。孩童為了探究這些關係，他們有時必須打破成人認定存在任意且慣性的標誌和如圖像般的符號之間的界限，他們需要去測試符號意義和標誌意義的限度，我相信這就是 Ben 及其他幼童在幼兒時期畫畫時所做的事。舉例說明，在圖 82 中，我們看到兩個人形，它們的頭是由有中心點的輻射圖形所構成，請注意那些象徵他們向下傾斜的手臂的線條。現在，察看右下方的中文字。這是中文字體「下」，意思是「向下」或是「之下」。注意這個字往下傾斜的部分，它是將此字意轉換成密碼和解開此字意的關鍵處。將它和同樣也是「往下」斜的這雙臂膀傾斜附加物相互比較。在中文和世上其他的書寫系統中，我們依然可以在這些常被認定是任意且慣性的標誌系統中（arbitrary and conventionalised signs systems）看到動態與知覺的要素。身為新加坡人，這位孩童必須能辨別和瞭解像漢字這樣的形象圖像（figurative images）和羅馬字母（因為新加坡兒童需要學習英文）這兩種標誌系統之間的關係。

　　圖 83 中，一個長方形的完整形狀，象徵著一艘裡面有三位太空人的太空船，其中兩位太空人是以人類的視覺符號畫成。Ben將一位太空人畫成黃色，並將他綠色的頭盔重疊覆蓋在黃色區塊上；另一位太空人則被畫成綠色，他頭上的黃色頭盔畫在綠色區塊上。在此，覆蓋產生兩種層面的意義，頭盔「覆蓋在」頭上。這個巧妙的顏色編碼（clour-coding）的變化，不但幫助我們體會這兩個人像強烈的圖案要素，而且也表現出圖案以及圖案行為是包含了行動和語言。第三位太空人也就是Ben自己的人像，則是以不同的標誌系統畫成的：大寫字母「B」代表著 Ben！然而，符號和標誌這兩者在這二度空間的畫紙上有

146

147

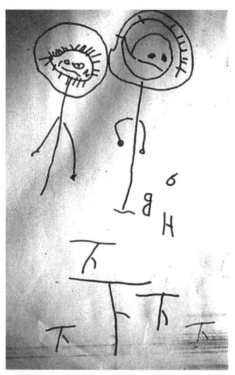

圖 82　一位四歲大的華裔新加坡幼童學會如何畫出傾斜的交叉。這改變了她對存
　　　　在於四周環境內形狀的注意，包括從軀幹向下傾斜的手臂，以及意指「向
　　　　下」或是「之下」的中文字「下」的斜線筆劃（在圖畫的下方之處）

著同等重要的地位。

　　圖像和字的發展在人類歷史和個人成長中有著密不可分的關係。Anna Stet-
senko 指出，畫紙也許是兒童發掘被 Vygotsky 稱為符號和標誌的「雙功能」
（dual function）的最好場所（Stetsenko, 1995）。

☀ 開始閱讀和書寫

　　當孩童開始閱讀和書寫時，他們自己名字的字母對他們別具意義，而且他
們往往會將這些字母解讀為視覺符號，並將它們納入自己的圖畫中，與更多圖
案圖像（pictorial images）畫在一起。在第五章的圖 53 中，聖誕老公公和他的

148

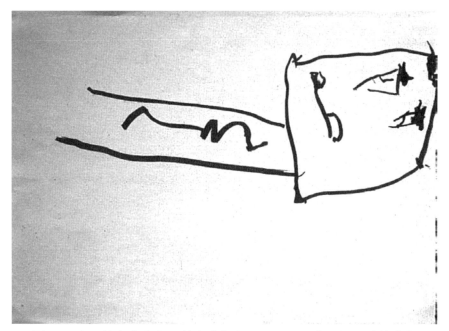

圖 83 「三位太空人在一艘太空船上」，Ben 三歲三個月時的畫作

麋鹿正飛越過一棟房子。在這房子內，「B-e-n」的字母被畫在代表這棟房子的一個完整或封閉形狀之內，這表示「Ben 正在屋內」。有時在幼童早期的書寫過程中，他們會將字母以反向的形式來書寫，或是將字母寫成上下顛倒。這有許多原因。在紙張上，一個字母的方位或是數字的形狀對幼童或許不具特別的意義，畢竟即使物件的圖案被旋轉了一百八十度，我們還是可以辨識它們（Temple, Nathan and Burris, 1982）。另一個因素則是，幼童不會預先對他們的書寫做計畫，所以他們在開始要書寫時，才會去決定字母形狀要如何延伸下去，這樣的情況也可以應用在早期的一些圖畫中。事實上，當 Ben 三歲六個月大時，我們很驚訝他能夠不費吹灰之力，前後顛倒地臨摹一張畫。這可能是因為此時他大腦內部半球體的神經線路（hemispherical neural wiring）尚未成熟之故（Eliot, 1999）。之後，他就再也不會畫出這種左／右顛倒的圖。但畫出左／右、上／下顛倒圖案的行為，並非僅發生在兒童身上，所以這有可能不僅只是與成熟過程有關，而是與新的線畫或書寫的行為模式所引發出來的動作有

關。例如，當我開始學中文時，有時候會將中文字左／右倒置。數年之後，我就不再寫出這樣顛倒的字體，反而覺得要故意將它們「往後寫回去」是有困難的。

圖84，在圖下方的字母形式「描述」出 Ben 的圖畫裡所發生的事。而在右上方的另一幢房屋，有些名字的字母代表著屋內的人。在第六章的圖76中，有個饒富興味的數字和視覺符號的結合體；Ben 畫了「六位手拿旗子的男孩」。畫中有六個男孩的圖形，而他們的旗子分別由6所畫成的！這無法有簡易的解釋，但在孩童把玩圖畫結構時，他們似乎畫出了自由聯想及圖像的多重意義。或許這就是運用雙關語的開端。這是非常重要的，因為它可能是孩童以再現來表達出再現本身的能力之起始。心理學家稱**後設認知**（**metacognition**）的這種思考能力是隨年齡而發展成熟的；但這能力有可能源自於嬰兒期腦神經系統的可塑性，使得一個人可以順暢地交替其思想。這是為何設計出一個學習的環境是如此重要的原因之一。幼兒教育必須能夠提供幼兒如此多元的聯想和

149

150

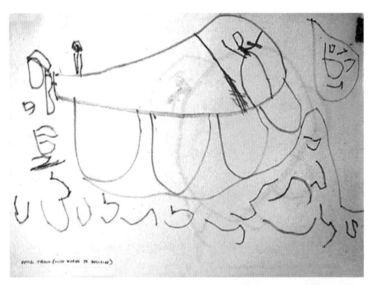

圖84　Ben 在三歲三個月大時，以字母的形式「描述」在這張畫中所發生的事。字母的形狀也被右邊的完整形狀圍繞住，這象徵著人們在一間房子內。注意，畫在基底線上的柴油內燃機的輪子所使用的 U 形圖形，還有或許代表「Ben」的大寫字母「B」（就在內燃機旁邊），以及在屋內可能象徵著「Ben」的小寫字母「b」

緊密的連結的機會。很遺憾的是，現在許多專家學者正好以相反的意圖在規劃課程。

在圖 85 中，字母的形狀幾乎可和許多圖案圖像交替使用，而且它們真正的作用是這個二度空間景象的視覺結構或建築（visual architecture）。在圖 86 中，Linda 先幫 Ben 寫下他的名字「Ben」。然後，三歲三個月大的 Ben 依照他自己的線畫基模，去臨摹這些字母。當特定的刺激物發生時，這些行動的動力或動態模式就會開始運作。

大多數孩童對個別字母的形狀感到有趣，但是他們在書寫遊戲中會捕捉線形和有節奏的流暢手寫筆法。圖 87、88 和 89 都是 Hannah 在四歲十個月大時，一張接一張畫成的。在圖 87 中，Hannah 對自己說：「Jamie 和魔法火炬……Hannah 和魔法火炬……Ben 和魔法火炬……」〔譯註：Jamie 和魔法火炬（Jamie and the magic torch）是英國 ITV 電視頻道於 1976 至 1979 年間播放的兒童節目。〕她在說話時，同時也小心謹慎地「寫下」這些聲音。運用不同的**游移圈圈**和**游移的鋸齒狀或 Z 形線條**的樣式，她假裝自己在寫字。圖 88 顯示，她畫出一張闡明自己在書寫的圖畫，並在此刻意將它分別出來。

圖 89 是張非常重要的圖畫，因為它呈現出一個處於中途的階段（mid-way

152

圖 85　字母形狀和圖案圖像混合畫在一起，Ben 在三歲四個月大時所畫的

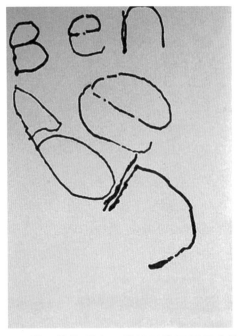

圖 86　Linda 為 Ben 寫下他的名字，然後三歲三個月大的 Ben「臨摹」它

stage）。在這所謂「處於中途的階段」的畫作裡，Hannah 在畫紙中間畫了一部分，也「寫了」一部分的黑色形狀。從錄音帶的逐字稿中顯示，她書寫和線畫的方式不斷地互相影響。當她移動筆時，她對我說：「它正在繞圈圈……（當她在畫旋轉記號時）。這說不通啊……它……變得……有……一點……亂……P……P……P……是 Patrick（當她畫出像左邊「P」的一個環狀物時）。這看起來像是一隻天鵝……因為……它就是一隻天鵝……」（當她用黑色墨水填滿這個形狀時，書寫的行動已融在線畫行動中了）。她意識到在標誌和符號中「說得通」、「相似」和「不像」的議題。請再注意，即時的發聲結構（the structure of the vocalisations in time）會反應在書寫作畫（drawing-writing）的過程中。就像 Ben 一樣，Hannah 藉由不斷地交替符號和標誌來測試這兩者的限度，而這個過程讓她累積下列的知識：符號和標誌的差異性、兩者的關聯性，以及它們所具備的意義。

圖 87 四歲十個月大的 Hannah 寫了一則
　　　故事

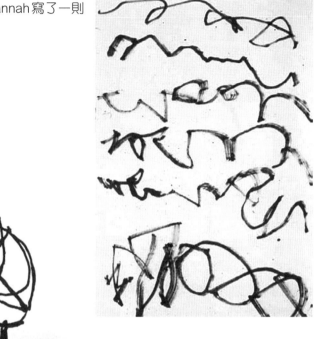

圖 88 四歲十個月大的 Hannah 接著以
　　　圖案來闡述她的故事

圖 89 Hannah 四歲十個月大；書寫和畫
　　　圖會彼此影響

摘要

Nancy Smith（1979）主張，對符號形成（symbol formation）的發展而言，孩童有必要，有段時間，遵守標誌和符號與外在世界連結的規則，而非隨心所欲、毫無章法地運用它們。雖然孩童意識到字母、數字和圖案的不同，但為了完全明瞭它們是如何運作的，孩童會將這些形狀納入自己的遊戲世界中。在遊戲中，它們以不同的方式被分開和組合在一起，這可幫助孩童瞭解這些形狀是如何被賦予意義。因為某些字母（特別是那些出現在孩童自己的名字裡，或在他們的朋友的名字中，或是「媽咪」和「爹地」的名字）對他們來說，特別具有重要性，它們獨自變成自己的符號系統的一部分。這表示孩童的線畫和早期的書寫，雖然是由可辨識的（而且在有限的程度上，它們是可預測的）線畫規則所構成的，但它們本身仍是具有獨特性、個別性及視覺性的語言。對每個人而言，基本的視覺結構是以獨特的方式被組合在一起。在此，有些重要的教學含意。首先，我們應該允許孩童自由無阻地把玩那些書寫的符號文字（Ferreiro and Teberowsky, 1982）。Marian Whitehead、Tina Bruce、Chris Athey、Vic Kelly 和 Geva Blenkin 等人所執行的讀寫能力研究，從以往著重以一系列的視覺和動作的技巧來教導閱讀的概念（辨別形狀、訓練手部動作，和瀏覽一行行的印刷字體等等），轉換成強調閱讀是與理解意義和構成意義等能力有關聯。

當然，有時掌控權力的群體會將高知識分子視為具有危險性，而且很遺憾地，過去十五至二十年間，有著將「閱讀」的概念變成僅是辨識形狀和吟誦字句的趨勢。無可否認，有些兒童在建構字句時需要特殊協助（Linda Matthews, 2002, personal communication）。但在某些英格蘭的「全國性」課程修改中，語言運用的核心觀點正面臨消失殆盡的危機，而最根本的部分之一即是對話藝術（the art of conversation）的觀念（Linda Matthews, 2002, personal communication）。如果孩童無法說和聽，他們就絕對不可能學會閱讀，無論吟誦多少的音素或音位，也無法改變這情況（Whitehead, 1990）。要成為「能讀寫的人」（就此字最深的涵意來說），幼童需要有機會觸摸到真實的物件，並和真實的

153

（而非虛擬的）人進行真正的對話。只有在成人同伴的協助下以這種方式學習，孩童才能找出符號系統的意義和運用方式。

　　Thomas 和 Silk（1990）對研究發展初期的書寫（emergent writing）的研究人員提出一項重要的建議，他們認為研究者應該更仔細地察看孩童是如何進行線畫活動。我們都應該擴大讀寫能力的概念及「閱讀」和「書寫」的意義。這經擴大的定義必須含蓋所有類別的視覺圖像——即包括那些由有形的顏料、筆和鉛筆所組成的種類，以及那些用電腦或其他電子裝置所繪製而成的類型。就 Paulo Freire 的本意來看，我們也應該謹慎地對待個人「閱讀」的方式，並且瞭解他們的私人世界，它不應該被局限在菁英階層和有錢人當中。不幸的是，教育在現今的社會比過去更成為菁英者的權利。當今似乎有錢的人才能受教育，而說話和言詞基本上是和階級連結在一起的。因為越來越少 Freire 所謂的「大眾階級」（Freire, 2000）受到教育，所以越來越少的老師具備不同階級團體所必備的知識。這形成一個惡性循環：老師不知道問題的存在，更遑論要為此尋求什麼解決之道。我們也應該意識到，孩童沒有辦法單只臨摹任何的字母或數字。在書寫和作畫的過程中，他們會開始注意到並畫出那些他們自己已經在畫紙上畫過的形狀，這意謂著孩童在建構一個圖案、書面文字和數字的視覺環境上，扮演了非常積極的角色。

　　截至目前為止，我們已經討論幼童探索存在於線條、形狀和顏色之間的關係。另外，我們也談論到他們的作畫行動具有強烈的情感意義，他們可能會注意到自己的心情會以不同的方式影響到畫作的品質和特性。他們也開始瞭解到線條和形狀以及組成它們的行動，都可以表達出再現的價值。他們將自己的線畫行動和其他身體行動做連結，例如，繪畫可與唱歌和跳舞同時進行。藉由這種方式，他們開始意會到一個畫畫行動可象徵或「代表」另一個行動。這開啟了非常重要的領悟，即產生在圖畫紙上的線條、形狀和顏色之間的關係，就像外在世界的關係一樣。他們可以畫出在真實世界裡的物件和事件，同時他們也明瞭再現會以不同的方式傳達著意義，並且會在早期的書寫過程中學會開始運用再現中的再現（representation of representation）（Meadows, 1991）。

154

chapter 8 兒童開始在自己的圖畫中表現出深度空間

　　當兒童思考那些以不同方式組合線條和形狀的意義時，他們就會開始察覺到另一種表達再現的可能性，當幼童日漸長大時，他們似乎也會將深度關係表現在自己的圖畫中。我們無法確定這是否是天生和普遍的趨勢，或是受文化的影響才造成的狀況。有些藝術形態並不重視第三度空間的表達。如，伊斯蘭藝術不會出現任何生物或是其所處的環境，它運用的是數學圖案：即再現的深層結構（deep structure）（譯註：「深層結構」意謂著藝術最根本的結構，潛藏在它表面的主題事件或是圖象內容，作者借用 Noma Chomsky 在語言研究中所使用的詞彙。Chomsky 認為在語言的表現形式之下，存在著一種「深層結構」，而且在世界上許多不同的口語言語都有著相同的深層結構）。任何涉及第三度空間的藝術，其製作的方式也會因為不同的文化及時空背景產生極大的不同。

　　但縱使有無限多種的形態可以表達藝術，它的某些根源卻是普世且深奧的，並與人類的議題以及其表達的方式息息相關。處理形狀的位置和物件的動作等技法，都是彰顯它們特性的手段，而這則是與許多藝術形式的準則有關。即使是宗教取向的伊斯蘭藝術也與這些議題有關，因為它是建基於「點」（point），以及「移動點」（moving point）的概念上。也許要解開藝術是天生自然或是受後天環境影響的這個謎題，就像將同樣的問題套用在人類的發展上是毫無意義可言的。

　　目前的論證並不足以證明，兒童在藝術方面的發展僅與下述兩個面向有關：其一為孩童周遭環境的圖像，再者為他們所處的特定社會對他們的再現發展的期待。這是因為有些社會期待孩童們應該（甚至強迫他們）將第三度空間

呈現在他們的圖畫中，所以這無法解釋一般發展的過程。值得注意的是，任何指示或強迫孩童的事，都不足以用來解釋他們邁向發展階段的原因。當孩童試圖表達時，他們通常很少會在自己的圖畫環境或其所處的社會環境中找到表達的方法。我們幾乎不太可能在書上或牆上看到他們畫出來的圖案。當孩童畫線畫或繪畫時，他們通常會盡可能表達出第三度空間。然而，從非再現進展到「視覺寫實主義」階段的傳統發展歷程的概念，並沒有解釋這個過程。

隨著Ben日漸長大，他所畫的圖畫反映出他建構了一個內在的現實情境。在此內在的現實情境中，所有不同的面向都被整合在一起了：高度、寬度、深度、數量、重量、動作，另外還加上假想人物在這個世上的假想心理狀態。最後，當他完全釐清和想透這些面向時，他就有能力去想像自己穿梭到任何的位置，並在那個位置上想像那個視野的景象。

在此章節，我們將會討論Ben是如何將這些不同的面向整合在他的再現世界裡。就某種程度而言，Ben的線畫技巧的發展比許多孩童還要完整，畫畫是他的生活重心。然而，我在此採用這個次序是因為它能清楚闡述發展的途徑，而且其他孩童也或多或少會歷經相同的發展歷程。另外，透過謹慎分析Ben所經歷的階段次序，可以使我們更清楚明瞭自己能如何幫助其他孩童的視覺再現。例如，Ben一開始就先將拓樸關係進行編碼，這個拓樸關係是一種在空間中追蹤動作的幾何圖形。他在位置之間以一條連續或間斷的線條，畫出動作的途徑。之後，他表明了包括界限、封閉和中空的裡、外的空間關係。逐漸地，他開始在畫紙上建構物件，他不只是畫簡單的封閉形狀而已，更畫出可辨識它們的特質。對物件更詳細的描述可增加在簡單的形狀上。例如，為了呈現出長的物品，可以將一個完整或封閉的形狀畫成**長的**；或是在一個完整或封閉的形狀上畫上彎角，來表達一輛車或一棟房子的角落。Ben和多數的孩童一樣，為了區別形態間的不同，也會將形狀結合在一起，如雖然腳和身體連接在一起，但腳的樣式就是會和身體不同。他也在一些物件的上面或下面，畫了其他的物件。利用這種方式，他將畫紙與垂直軸連結在一起。大多數的兒童都會歷經這些階段。

從一個特定的視角或從不同的視角來觀看

與其他幼童相較之下，Ben顯得較不尋常之處是他意會到可利用形狀來呈現某些視線或是視角（但這並非完全不會發生在其他幼童身上）。例如，他已經意識到一個封閉或完整形狀可代表以九十度視線正視一件物件〔或是「正面」（face-on）圖〕；或者一條單線條，可代表以零度的視線看向一個平面（flat plane）〔或是完全的透視縮小或前縮圖（completely foreshortened view）〕。這是非常重要的發現，我們將會看到他是如何發展這項能力。

Ben需要有能力理解線畫可以表現出被旋轉了九十度的平面，也要能在平面的畫紙上畫出物體的動作是接近觀畫者，以及其正遠離觀畫者的狀態。最後，他要能將自己所領會的這兩種內容整合在一起。起初，Ben運用一個物件在時空中移動的連續的點，這起始於橫跨畫紙（從一邊跨到另一邊）的連續線條或是圓點的順序。以Ben的例子來說，這些逐漸變成一系列的圖像或「圖畫故事」（picture stories）（其他的孩童也會繪製出圖畫故事），包括從城堡上墜落的國王、從水中起飛的飛行船等。值得注意的是，這些圖畫故事並不像連環漫畫一樣，用獨立的「畫框」來分隔它們的動作次序。在圖90中，Ben畫出一個海盜在時空中以一系列的姿勢，通過一條祕密隧道，然後飛越半空中。我們可以用不同的方式來詮釋Ben這一系列的圖像：沒有一個固定的視角；或是將眾多的視角結合為一；另一個解釋則是，完全沒有特定的視角。像這樣的圖畫和某些以不同姿勢被畫出來的中國人像畫有些共同點；也和早期的文藝復興時期的畫作有雷同之處，即為了能呈現出同一人像在不同的時空點，一個圖像會被重複畫在同一張畫中。

除了考慮一個人像要如何橫跨單頁之外，Ben也逐漸在思考一個物件是如何離他遠去，或是向他靠近。在思考的過程中，他獲得了兩種重要的新概念。首先，他會去思考，當一個物件朝向他逼近時，要如何使它看起來越來越大；而當物件遠離他時，它的尺寸是如何逐漸縮小，進而消失不見〔從出生之後，他就一直在體驗這概念（見 Bower, 1974, 1982）〕。這就是所謂的**視覺**或是**外表尺寸的改變**（**optical** or **apparent size change**），即真實的物件實際上並沒有

157

158

變大或是縮小，但看起來卻是如此。我們可以從圖 90 中看到一些這種效果。也許一開始，第一個尺寸的改變是件意外；但是，當他意識到可利用所畫出的形狀大小來表現深度空間後，他便有意識地在畫圖的時候繼續如此畫。John Willats 稱這樣的行為是「作品和知覺的相互作用」（the interaction between production and perception）（Willats, 1984, p. 111）。

　　他第二項重要的新概念是，當他在思考遠離自己身體或向他逼近等兩種移動方式時，假想的觀者與景象之間的關係，相對就變得很重要了。這就好像有人正透過一扇面對這幅作品的窗戶，看進這幅畫作。畫紙的邊緣就像是窗框。換言之，他創造出了一個單一視角。透過這扇窗，我們可以發現當物件移近或遠離我們時，相對地它們會**明顯地**變大或變小。漸漸地，Ben 有能力自由地移動自己內在世界的模型，並從不同的角度試著畫出此景。在西方文藝復興的畫作中，也有類似的表現方式。漸漸地，畫家變成一個可以自由穿梭在三度空間和時間象限中獨特又有主見的主體。許多東、西方世界的藝術形式都有表達出

圖90　Ben在四歲時，畫了一個海盜在時空中，以五種姿勢通過一條祕密的隧道，然後，他從隧道的盡頭飛出去。注意，這具體形象呈現出隨著由左向右重複畫這位海盜，他的大小比例也跟著改變。在位置 2 中，他被畫得比較大，然後，依序越來越小，直到最小的位置 5 為止。他是否正試圖利用深度空間來表達這個海盜隱約地出現和逐漸地消失呢？

深度關係（雖然，以前亞洲的畫家並不採用線性透視的空間表現方式來解決此關係）。

 ## 畫出一輛驛站馬車駛離我們

當 Ben 只有三歲半時，我們可開始在他的圖畫中看到深度關係的建構（見圖 91）。一輛行駛中的馬車不只是由左向右行進，還駛向遠方，遠離我們。他以繪製重複且漸漸變小的馬車圖像，來達到驛站馬車駛離某個目送者的效果。他在畫紙上藉由操控畫出圖像的**實際**大小來表現當物件遠離我們時，它們是如何**看似**變小了。兒童知道大多數物件的大小是固定不變的：它們通常不會縮小。這也許看似非常明顯，但是，為了在一張畫紙上表達出一個物件正離我們而去，有必要嚴格謹守物體尺寸永恆定律的知識，或者說將尺寸的大小「停格」，這意謂著 Ben 對畫紙有了一個非常不同的看法。他正在假想這張畫紙就像是一扇捕捉有形世界的窗戶。我用「像是」來形容，是因為在若干極為重要的層面上，它並非如此。這意謂著 Ben 形成和整合一組相當新的線畫規則。要做到這點，Ben 通常運用先前已畫過相同的形狀、線條和交叉線將其表現出來。在此，不同的是在真實世界中，它們所代表的卻是不同的事物。他正逐漸地轉換它們的符號意義的價值（denotational values）（Willats, 1997）。

159

圖 91 一輛驛站馬車消失在遠方。Ben 畫於三歲六個月

圖 92　Ben 在三歲三個月時所畫的一列蒸氣火車

　　　　我們在圖 91 中可看到將這個嶄新的再現價值和斜線結合在一起的重要例子。如果我們在這張圖上放上一把尺，讓每一輛驛馬車對齊這把尺，我們就可以看到一條隱約的斜線。在接下來的圖畫中，這條斜線將會變得更清晰，而且 Ben 使用斜線的新方法已預示他在線畫發展上有了重大的轉變。

　　　　在 Ben 四歲三個月時所畫的圖 93 中，我們看到了一列蒸氣火車和車廂，在畫面出現四種空間透視圖法，包括火車的正面圖、鐵軌的平面圖、車廂兩邊

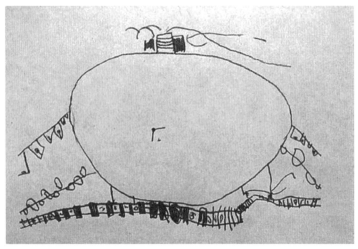

圖 93　一列蒸氣火車的多重外觀，Ben 繪製於四歲三個月

的側面圖。我們通常稱這樣的空間表現為「展開式」的畫法；但如 Arnheim（1954, 1974）所指，這是一個誤稱。因為對孩童而言，在一開始就沒有任何東西曾被摺起來過啊！這個詞彙就像是其他不同的兒童線畫詞彙一樣，反應出大人（而不是孩童）缺乏判斷力。

 ## 結合了兩種不同種的火車知識的線畫

就另一方面而言，有一種「客體或物件中心」的概念：即無論從哪個視角觀看物件，此物件都具備其主要特性。車廂有兩邊，即是這個知識的重要性之一。然而，Ben 也受到「觀者中心」（viewer-centred）的影響，此概念與如何從特定的視角來呈現所觀察的事件有關。所以，縱使他已畫出車廂的兩側，但在現實世界中，我們是無法同時看到兩側的車廂，每一邊的車廂也都有其獨特性，就好像是一張車廂的視圖一樣。這是因為他將斜線和平行線加入在他的作畫過程中，這些線條代表了每個車廂的車頂和車底。重要的是，傾斜的線條所代表的水平邊緣在現實中並沒有傾斜。在此作品中，這些斜線並非在表達現實客觀的傾斜度；它們在表達的是逐漸遠離觀畫者的平行邊緣。

161

瞭解兒童思維的重要性

Ben 的發展並非無中生有，而是與他所處的社會背景（social context）有關，這包括持偏見態度和有知識的成人告訴 Ben 要如何畫出圖畫、如何駕駛一列真正的蒸氣火車，以及別人是如何畫蒸氣火車。Ben 從兩歲十個月起就對蒸氣火車相當感興趣。他將塑膠黏土捲繞、覆蓋在玩具蒸氣火車上，藉此表現出盤旋繚繞在其周遭的煙霧。當我們在英國所搭乘的蒸氣火車行經曼島（Isle of Man）的鐵道時，他對煙霧繚繞的這種突如其來的狀態留下深刻的印象。當火車停靠在車站時，繚繞的煙霧並不只是往上攀升而已，其車身也纏繞瀰漫於煙霧之中。他玩假扮蒸氣火車的遊戲，甚至堅持要沿著人行道向後「轉軌」，發出「嗚嗚」的聲響。Ben 畫了許多火車的圖畫，並且狂熱地收集蒸氣火車的照片和其他圖畫。他也喜愛有關蒸氣火車的兒童書籍，包括《湯瑪士小火車》（*Thomas the Tank Engine*, Awdry, 1997）。雖然他所畫的一系列蒸氣火車圖像

並不像他所閱讀的漫畫書一樣，可是他和 Linda 以及和我討論了這些漫畫書是如何產生意義和作用。我們討論的內容幫助他發展如何在畫紙上表達動作及事件結構等兩種概念。這也是他在自己的文化中找到其它適用的圖像的方式（Wilson, 1997a; 2000）。

Ben 所看到的照片及他所蒐集的那些張圖片都是以透視形式呈現出來的，然而圖 93 中並不是如此，而且也和他所收藏的照片有所出入。我們又再次看到他的思考模式或基模是如何讓他組織自己的經驗。他從自己所蒐集的圖片中，接受和選擇（或是同化）了一部分的概念，也摒棄了其他概念。例如，在他所蒐集的一些圖片中，平行線、斜線代表著逐漸遠離、消失的車廂的水平邊緣。Ben 已經能夠將這些新概念同化到自己現有的基模內；同時他也接受了斜線不一定意謂著傾斜的這個新概念。藉著討論和分析他所蒐集的圖畫和照片的二度空間結構，他學會了這個新概念。大多數專家無法瞭解或沒有意識到兒童會在視覺上分析和運用圖片環境中的圖像（Wilson, 2000）。禁用現成、既有的圖像〔這些被專家稱之為「二手」（second-hand）圖像〕就是一項錯誤。另一項同樣具破壞性的錯誤，是將知名的藝術作品當作孩童「應該知道」並且要模仿的「好的」標準或典範。

Ben 目前還無法運用他所蒐集的圖畫的其他層面。例如，其中有張朝他駛過來、放大的火車圖畫，其斜線並沒有保持平行，而是與地平線上消失的點交集在一起。當 Ben 在畫火車的透視圖時，他尚未意識到代表車廂車頂和車底的線條可以有交集。或許，這是因為這會和他所持的物件中心知識產生衝突，即車廂的車頂和車底不應該會碰觸在一起。

孩童所犯的所謂線畫「錯誤」，其實在孩童進行一幅畫的訊息編碼的當下，是相當合理的決定。隨著年齡增長和情境的改變，孩童會改變哪項訊息需優先被保留和捨棄的抉擇。這次，Ben 或許想保留住車頂和車底的平行關係。同樣地，其他孩童也會抗拒在畫桌子時，畫出深度空間或立體感，這是因為它會犧牲了平行邊緣和直角的角落（見第五章圖 42 和 43）。

我們需要提醒自己，不能因為孩童無法運用某種線畫的方式，就認定他們無法將此方式運用在其他的畫畫情境中。這也不能表示孩童無法畫出必要的線條類型。自兩歲半起，Ben 就有能力畫出交叉線和平行線。他在圖 93 中所畫

的大致平行線和斜線，無法以運動神經技巧的發展來解釋之。圖 93 表明了他在概念、想像力以及智能的躍進及增長。在他的繪畫中，線條意義的革新，而非線條本身（Willats, 1997），會一直持續下去。

 ## 協助兒童持續作畫

　　在此，對教學的隱喻為我們需要的老師是能瞭解這些線畫方法，又能明智地和孩童們談論如何運用這些方法。這些老師能立即在幼齡學生的作品中，敏銳觀察和辨識出這些方法；甚至和他們談論其使用的方法和成人藝術家所使用的相似方法之間的關聯性，這或許令人望之卻步。但實際上，孩童不常需要很多的建議；而且當我們提供建議時，它必須是有助益。當他們試圖處理自己畫中含混不清之處時（也就是他們覺得不滿意和困擾的部分），他們大多有能力自己解決這些狀況。當孩童畫畫時，他們會接收到視覺的回饋，然後他們會根據此回饋再試圖去改變圖畫的樣子。下述即是這樣的例子。

163

　　在最初的蒸氣火車圖畫中（Ben 畫於三歲三個月），車輪被畫在平面式鐵軌的線條頂端上方（見圖 92）（事實上，在作畫過程中，Ben 很快修正了這樣的構圖方式。如圖 92，他開始將一些「臥舖車廂」畫成傾斜的，就好像是在表明它們透過畫面往後縮小了）。

　　一年後，Ben 仍然思考如何將車輪畫在鐵軌上，以及探索深度關係的概念。例如，圖 93 顯示出車廂兩邊和軌道之間的關係。我們慢慢會看到他解決和整合這些問題。Arnheim（1954, 1974）和 Willats 主張（in personal conversation），繪畫的進展是從孩童觀察產生在畫紙上的東西，而非督促孩童「更仔細地」察看大自然而來。我們可以在 Ben 的下一張圖畫中看到這樣的進展。在此，非常具有指標性的是，Ben 只畫了一張所謂「展開」（fold-out）圖。這或許是因為 Ben 察覺到，在這完成的畫作中（或許是在畫圖過程中）也有某些不明確之處，而他試圖在接續的作畫中尋求解決之道。

　　在往後幾週內，我們看到他努力解決兩種可能的矛盾訊息：一種訊息告訴我們，不要考慮任何固定的視角，要將焦點放是在物件本身（就如同 Piaget 所提出的）；另一種訊息卻是明確指明景象的一個特定視角。我們可以看到圖 94

中一列蒸氣火車從地平線朝我們駛近。或許是秉持一次處理一個問題的精神，Ben 在這幅畫作中省略了車廂的一側。這張畫是 Ben 控制尺寸循序變化的一個重要里程碑，為的就是要表現出動作移近或是遠離假想的觀畫者之效果。我們可將此作品對照他九個月前所畫的驛站馬車（見圖 91）。在新的圖畫中（圖 94），我們可以再次看到一條連結車輪的假想線條，和另一條連結煙囪的假想線條，隱約地會合在一起。

164

　　一個禮拜後，圖 95 只呈現出車廂的一側而已。此斜線現在意指一個水平邊緣。這個水平邊緣遠離了我們，超出畫紙以外假想的三度空間。直到一個月之前，一個「傾斜」（sloping）僅代表現實生活上的傾斜：即在二度空間中的一條斜線（見圖 96）。

166

　　值得一提的是，Ben 在這段時間內畫圖時，深度空間或立體感並不是他唯一或是最關心的事。雖然這和多數孩童所經歷的狀況相同，但卻和大多數線畫研究的假設相左。Ben 在此時也會畫極具幻想的圖畫（fanciful drawings）（見圖 97）。

圖 94　一列蒸氣火車駛向我們。Ben 在四歲三個月時，繪製了一系列有關這輛火車位置的圖畫，它從視覺上無窮遠的地平線那處，開始朝我們駛近。這輛火車是這一系列圖案的連續體

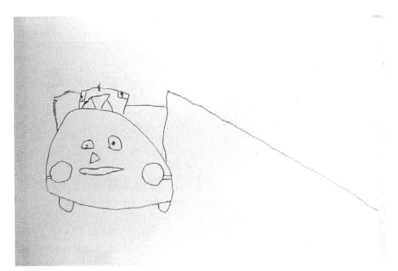

圖 95　一列蒸氣火車。在畫紙上的這條「斜線」，象徵著客車廂的車頂，在現實中代表了一個水平邊緣，從我們面前逐漸消失。此圖畫於 Ben 四歲又三個月時

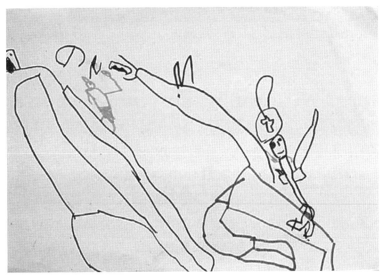

圖 96　在其他的圖畫中，「斜」線通常是象徵著有形的傾斜。Ben 在三歲十一個月時畫了一位騎在一匹巨大馬背上的騎士，他騎向站在一個斜坡的男人

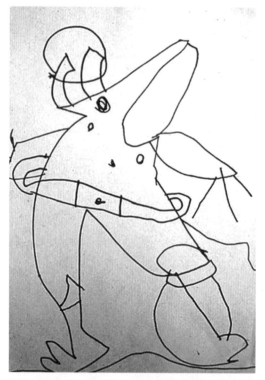

圖 97　Ben 四歲三個月的時候，畫了一個奇怪的圖像。注意觀看那個環繞在腰部的腰帶

　　同樣的技巧，Ben 用在別處是為了呈現深度關係，在此卻是為了其他目的將它們運用在像圖 97 一樣的幻想圖畫上：在此它們是裝飾性的裝飾品，而不是用來呈現出體積的線條和形狀（見圖 98 和 99）。

　　兒童在線畫活動中會關注許多議題，其中一項（而非唯一）是畫出三度空間的深度或立體感，但多數的專家學者認定這項能力是線畫發展的重要終點。如圖 98，Ben 似乎以安排扁平形狀的圖像位置，來考慮構製此圖，這樣的排列組合只能在這張二度空間的圖畫世界中得以保持平衡。雖然魚的尾鰭摺疊處會令人聯想到三度空間的世界，但這都只是幻想出來而非真實的。或許在二度空間的平面上畫一條摺疊的直線來表現三度空間，（通常）會比畫出一個曲線的形狀來得更為容易（Willats, 1997; Matthews, 1999）。

圖 98　　人物和魚。Ben 繪製於四歲二
　　　　個月

圖 99　　一位奇怪的水手。Ben 畫於四
　　　　歲三個月

　　這位奇怪的水手（圖 99）戴著一頂有趣的土耳其氈帽以及一付眼鏡。這位水手的襯衫上有個男人的圖案；這是一幅畫中畫。Ben 正在把玩圖像再現中的再現（representation within representation）的把戲嗎？另外，即使在遠方的船隻和前面襯衫上的圖像比起來，其尺寸相對是縮小版，但是襯衫上圖像的功能只是一個裝飾品，而不是被用來突顯遠方的一個工具。無論如何，藝術家也不會將線性透視法和其他的投射技法僅用在表現深度關係上。他們運用線畫的方式，就像在表達自己當下的心理過渡狀態，或是將這些方式視為以圖片說故事的一種新方式。

　　Ben 運用了深度關係的新知識，但此知識並非僅局限於任何一種所謂必須畫出「逼真的圖案」的狹隘系統之內。更確切地說，他以結合大量的線畫技巧，來畫出想像的世界。他也混合不同類型的文藝作品（Wolf and Perry, 1988）。Ben 已經知道有不同種類的圖畫，而且適合甲的不一定就適合乙。若我們持著孩童之所以會將圖案畫成這樣，是因為他們無法畫得「更好」的那種陳腐、老舊的觀念，我們就無法確切解釋這些畫作。對於幼童來說，當深度關係對他們很重要時，他們有時就會將它們畫出來（Freeman and Cox, 1985; Willats, 1997; Matthews, 1999）。所以，如果 Ben 選擇要畫它們，他可以將這些畫

出來。兒童通常會在眾多的表達性和再現的選項之間做抉擇。他們的圖畫是理由而非結果取向的產物。這項概念通常不會受到重視，因為孩童做這個的方式，並不符合多數線畫研究的定義。近年來，電腦被設計以拓樸幾何的方式運作，並繪製出像孩童般的圖畫來（Burton, 1997; Willats, 2002, personal communication）。

　　圖 100 是以一條蟲的視線來表現出牠看到一個大巨人正跨步越過人群。這是一張非常低視點（仰視）的巨人圖像，觀者因為非常靠近巨人的腳，以致於巨人的雙腳顯得相當龐大；因為離他的頭很遠，所以頭就顯得相當渺小。有人爭論因為 Ben 對腳感興趣，所以才將它們畫得那麼大；或認定 Ben 在畫完它們後，沒留下多少空間來畫巨人的其他身體部位。的確，這些理由有時可適切地解釋許多孩童的畫作，但它們卻不能解釋這幅特定的圖畫，聆聽 Ben 談論自己畫這張圖畫的過程，我可以確認他當時正嘗試畫出深度關係。這種圖像畫得越大，情感的含意就越深的觀點，也許被過分強調了。這項無依據的觀念卻已成

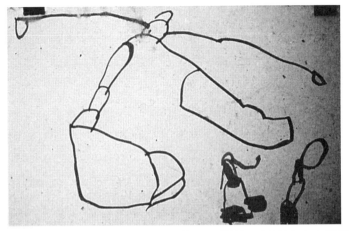

圖 100　Ben 於四歲三個月時以極低的視點畫了一個巨人大步跨過人群

為普遍詮釋兒童藝術的後盾。但這卻會讓我們忽略其他的線畫技巧，特別是深度關係的表現。況且，那位巨人也不只是有雙不成比例的大腳，它們是「正常」巨人的腳！將它們畫得比其他的身體部位還大，是因為它們比較靠近觀者。巨人的雙腿甚至出現了交會的線條，這或許可被視為真正透視圖的開端。Ben 和其他兒童一樣對想像自己移動位置，以及自己所想像的景象從不同位置看起來會如何等這些想法感到十分有興趣。

　　數天之後，他畫了一張巨人被加冕的圖像（圖 101）。在圖的右邊，我們可以看到一個又大又長且複雜的完整封閉形狀，它象徵著巨人的王冠。小小的助手們正搬運這頂王冠。他們所遇到的情境，就如同當我們搬運一件又大又笨

169

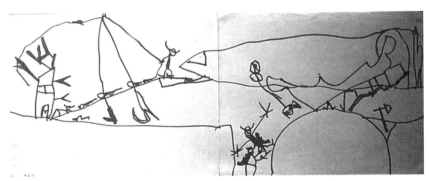

圖 101　「一位加冕的巨人」，Ben 繪製於四歲三個月

重的物件時經常會面臨一些狀況一樣。在 Ben 的圖畫中，其中一位助手張開雙臂、搖搖欲墜，並向後倒，差點跌進一個坑洞中，所幸他被一位同伴接住了。故事就在圖畫紙上展開了。有時，他所敘述的故事會引導他作畫；有時，情況則是相反的。

這頂王冠是要被搬運到畫紙左邊，然後被抬上一連串的平台上，直到將它戴在巨人的頭頂上為止。巨人的頭則是遠在天邊那個小小的完整或封閉形狀。試想王冠和巨人頭之間的關係。Ben 正在把玩下述的想法：當王冠朝巨人的頭移動時，它的尺寸將會很明顯地縮小，直到它與頭的尺寸合宜為止。Ben 正在把玩著觀察者與不同的景象位置之間的視角，以及觀察者與不同景象之間的相對距離。

在四歲四個月時，Ben 畫了士兵行軍圖。向我們迎面而來的士兵們，其靠近我們的軍靴大於離我們較遠的靴子。九個月後，一位北美印第安人被以極低的角度繪製而成，他那在前頭的莫卡辛軟皮鞋，巨大、赫然聳立呈現在我們的眼前；靠近我們的程度，足以使我們將它表皮上的裝飾品一覽無遺（見圖102）。另一幅畫於四歲五個月的圖中（見圖 103）有一匹馬、正在打鬥的牛仔，和北美印第安人；牛仔們攀登上一座詭譎的頂峰，還有一位躲藏在一輛運貨馬車輪子後方的人，全都是按照 Ben 的現實標準繪製而成。這些標準是從他仔細觀察研究周遭事物而來。例如，觀察印製於稱為「馬車車輪」（Wagon Wheel）的餅乾包裝紙上的圖像，就是構成他的標準之一。但，你看！他所畫的太陽竟然被手槍皮套包住了，它還戴著一頂鑲著治安官星形徽章的牛仔帽。當我詢問他這部分時，他不可思議地望著我，似乎認為我很遲鈍，然後解釋道：「這是因為它位在牛仔的國度啊！」這拋出了一個問題：對兒童來說，什麼才是「真實的」。

在他「搏鬥中的海盜」系列圖中，我們看到他整合了多種主題和看法（見圖104）。許多人戴著「視覺寫實主義」的有色眼光，並在未明瞭 Ben 的作畫企圖之前，就斷定這些圖像都是變形走樣的、不合解剖學比例的人像；殊不知這些形狀都是 Ben 極盡所能、用心將它們融入於自己動作之下的產物。每當他作畫時，他就會發出爭鬥的聲響，這是一項與早期歌唱和線畫行動有關聯的發展。在每個筆畫之間，Ben 會丟下他的畫筆，站起來，全身投入一場與一位假

170

171

圖 102　Ben 在五歲一個月時，以極低的視點畫了一幅北美印第安人的圖畫

圖 103　「牛仔的國度」，Ben 繪製於四歲五個月

想敵所進行的短劍比賽。然後，他會坐下，並繼續其線畫活動，或許就在此刻他正結合運動知覺的訊息（kinaesthetic information）（與動作有關）和所謂「本體感覺的」訊息（'proprioceptive' information）（與其關節和四肢的位

置、平衡、姿態和應力有關），並將這兩種訊息運用在其內化圖像的活動中。所以，產生在畫紙上的形狀並非扭曲變形的，而是 Ben 企圖將動作放入線畫活動中。

在此，舞蹈、動作和觸摸彼此都是息息相關。有時，非常小的幼童也能優雅地移動。我們可對那些手腳不靈活的幼童伸出援手。Lise Eliot 指出，照顧者和幼童之間的身體接觸（觸摸）相當重要。

觸摸是表達愛和關懷最直接的方式，當我們不再是小嬰兒時，我們就鮮少能經驗到這種親密的互動關係。溝通的最高層次發生在當觸摸與其它感官的情感管道連結在一起時，包括話語和身體姿勢。因為目前的幼教體系有著不能觸碰的政策（主要是女性針對男性教育者所設下的規範），所以，我們將無法在這個重要的領域上有所進展。

Vicktor Lowenfeld 將「觸摸」視為是感官知識的一種重要形式，其提供孩童線畫的訊息。他的觸覺訊息（haptic information）概念或許和傳統稱之為智能寫實主義的知識有重疊之處。從大身體部位的動力學，到雙眼的小動作，這些觸覺和運動知覺訊息都被轉變成密碼畫在紙上。在圖 104 右邊的男人被對手的劍擊中，Ben 畫出當這海盜疼痛地皺起眉頭時，其雙眼周圍浮凸的肌肉狀

圖 104　Ben 在四歲六個月畫「搏鬥中的海盜」

態，很少在眼睛部位看到如此具體的形象。Ben 再次將這幅畫的內容表演出來，他皺起眉頭、咧嘴大聲嚷叫。在圖中，我們可以看到這位海盜張大的嘴、外露的舌頭。Ben 以相當不同的手法表現出海盜和他的對手的雙眼及嘴巴。對手的眼睛是圓點且面帶微笑，笑是因為他正處於上風。以此方式，Ben 畫出了得勝者和被擊敗者之間的差別。這個例子闡明了為何孩童無法固定自己畫線畫的方式，他們的線畫方式會隨所進行的活動以及畫作的內容而有所變化。

172

孩童不一定會以相同的系統來作畫，一個物件的功能和運用，或是一位假想人物的假想心態，都會微妙或巨大地改變孩童構圖的方式。我們在評價孩童的圖畫時，同時也要將此層面列入考量範圍。Ben 辨識出海盜的兩種心理狀態。線畫不僅要能呈現出三度空間的體積，同樣也要能表達出假想人物的假想思緒和情緒，兩者對線畫活動都是非常重要的。兒童藉由在假想世界中和幻想人物所進行的假扮遊戲，得知他人的意圖和動機。

如同 Ben 這時期的許多作品，這是一張相當複雜的圖畫，結合了多種的理解力和影響力。除了具有鮮明的主題和內容外，這張畫作有部分是以「連連看」（join-the-dots）的技巧創作出來的！這是一種以拓樸學為基礎的廣義化幾何學。拓樸學是一門有關事物如何連結在一起的學科。在這張圖畫中，沿著一條路線，有條連接一連串點的線條。幼童對這樣的關係相當感興趣，這是為什麼「連連看」的圖畫會這麼受到他們歡迎的原因。然而，拓樸幾何學的運用並不僅局限於兒童，數學家、電工和電腦工程師也都會使用到拓樸學。倫敦和巴黎的地鐵圖就是以拓樸幾何學為依據繪製而成，也就是電路圖（diagrams of electrical circuits）。

掩蔽和隱藏線去除法

173

兩個海盜彼此重疊在一起，但 Ben 很快就發現另一種更有效益的表現方法，此方法可以讓線條和形狀產生空間感。他意識到，如果從某個特定的視角看去，形狀的某些部分會因為被遮掩住，而無法被看到，所以他不一定要將它們畫出來。體會到我們可以不用將某個事物畫出來卻能將它表現出來，這項領會在視覺再現的發展上極具重要性。這種表達出某件事物卻將它省略不畫的能

力，並非一蹴可成，而是需要經過一連串的觀察及審思的過程。要表達出掩蔽物的第一步，通常是用重疊（superimposition）的方式將一項二度空間的物件「蓋住」（cover）或是「隱藏起來」（hide）。顏料在此產生很大的效用。舉例來說，當 Joel（兩歲十一個月時）在一塊白色色塊上塗上一層綠色的顏料，然後說：「白色藏起來了。」在此例子中，顏料的物理特性有效地掩蓋住先前那層的色料。過了六天之後，Joel 在此概念上有著重大的突破。當他在一個小的封閉形狀周圍，畫了一個較大的封閉形狀，並說那個較大的封閉形狀是一隻「狗狗」，而在牠的下面有一隻「小小狗」（或是「蛋」）（Matthews, 1984）。

這是一張不同於六天前所畫的圖。當時，一個物件「被藏在」另一個物件的「下面」的概念，僅存在 Joel 的想像中。但在這張圖畫中，他並沒有讓顏料的物理特性真正地蓋住和遮蔽前一層顏料，因為他可以看到這兩個封閉的形狀。現在，上面覆蓋下面的關係（over-under relations）的圖像已被轉變成以純線條來呈現。順便一提，某些心理學家誤解了這種視覺圖像的說明，並誤稱其為「X 光透視畫法」。因為他們誤認這類透明圖畫是一種錯誤，以致忽略了其真正要表達的概念。

在「博鬥中的海盜」的系列圖中（圖 104、105 和 106），我們看到了 Ben 逐漸省略一些線條。那些線條是代表那些會被較靠近觀畫者的形狀遮掩住的形狀。

在 Ben 的第二張畫作中（圖 105），大多數的形狀都是彼此重疊在一起；但是，我們可以看到在右下方，他省略了被海盜的一隻腳所遮蓋住的那些代表部分船桅的線條。一個形狀掩藏在另一個形狀後面的特殊重疊畫法在線畫中被稱之為**掩蔽（occlusion）**。同時，我們將省略不畫的隱藏線或是「被遮掩住」的部分，稱為**隱藏線去除法（hidden line elimination）**。

與 Ben 同齡的幼童通常不會將這些方法當成是整體相聯接的方式之一，他們通常傾向將物件的邊界畫成連續的實線。或許他們覺得將整個物件畫成一個整體、相聯接的形狀是一件很重要的事。早自嬰兒期，他們開始發現到物件的形狀、位置和動作（這些即是物件的特性）的時候，這樣的期望就已經存在其發展歷程中了。

174

圖 105 Ben 在四歲六個月時所畫的「搏鬥中的海盜」

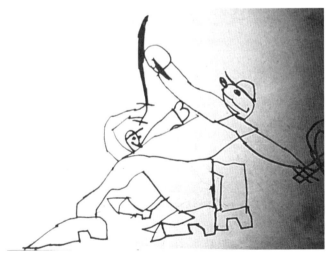

圖 106 Ben 在四歲六個月時所畫的「搏鬥中的海盜」

對年紀非常小的幼童而言，當一個形狀的界限很明顯地通過另一個形狀的下方時，他們就會運用一種所謂「初始的掩蔽」（proto-occlusion）和隱藏線去除法這兩種技法。圖107即是一個例子。像圖中的人像通常會被視為是人物線畫的「刻板模式」（stereotypes）。但我們若單以此角度觀看這幅畫時，就無法掌握此圖畫的重點，即畫中女孩的腿和裙子之間的直角交接線，表明了其雙腿掩藏在裙子的後面或是下方的意涵。這位六歲的華裔新加坡幼童之所以在此運用掩蔽技巧是因為它可保留明顯的雙腿外形（Chan and Matthews, 2002a）。

圖107　在一架恐怖自殺的飛機撞擊一棟摩天大樓之後，有位女孩從高樓往下跳。通常人們將此人像歸類為「刻板模式」；但畫者藉由腿部和裙襬線條之間的垂直交叉，表現出女孩大腿的一部分被她的裙子所遮蓋或掩藏住了

另一個例子則是圖42。因為 Campbell（四歲七個月大）非常重視桌子邊界是否能被清楚地呈現出來，所以他對此重要的訊息進行編碼，畫成圖形，甚至因此沒有用圖像將人們下半身的訊息顯示出來。

從 Ben 第三幅的「搏鬥中的海盜」（圖106）中可見，他的理解力已提升到另一個新的層級，他在此不再使用重疊的技巧。Ben 從頭至尾都是採用隱藏線去除法和掩蔽這兩種技巧來作畫。當孩童發現到一個新的語言規則時（例如，句點的使用），他們通常會熱切且密集地使用它。這幅畫以重疊或遮蔽的

技巧將形狀豐富地排列、組合在一起。有位海盜將另一位海盜遮擋住了，被遮住的海盜的身體完全沒有被畫出來，他的一隻尖頭、厚底鞋有部分被另一隻鞋遮掩住，一隻腳指頭從鞋子的另一頭露出來。Ben應用自己對事物是如何移動的知識；一隻正在移動的鞋子如何消失在另一隻鞋子的後面，並且在不影響連續、順暢的動線下，再出現在另一頭。這再次又清楚闡明了再現的根源是來自動力學的知識。

176

 ## 前縮面或透視縮小的平面圖

先前 Ben 所畫的兩幅作品，「吐司上的大豆」和物件放「在桌上」，使我們看到他如何呈現前縮面或平面的**透視縮小圖**（**foreshortened view**）。我們可以在圖 106 中看到在前面的那位海盜手持的劍柄之「正面」（face-on）；換言之，我們的視線和它的表面呈九十度角。另一位海盜的劍柄則是完全以透視縮小或是「側面」（edge-on）的方式被畫出來。我們可以看到 Ben 的深度空間的再現（representation of depth）已較前一年有所成長了。

● 一個物件的透視縮小圖和正面圖表達出兩個關鍵時刻

這是兩種相反的視圖。當兒童能瞭解事件的順序時，他們就可以理解這些不同的具體形象（結構形狀）代表著同一個物件。當我們以多張圖像來表達一連串行動順序的重要時刻之時，這些圖像不僅讓我們瞭解物件本身，同時也說明了物件的過去及未來的位置。這些圖畫是從一個特定的空間位置所看到的景象，它們呈現出在時間潮流中的一瞬間。這也適用於早期文藝復興的透視圖（perspective pictures）（Costall, 1992, personal communication）。對孩童而言，呈現在圖畫中的三度空間的景象和深度空間，只是圖畫故事的一部分。在更深層次裡，其結構陳述了有關過去和未來狀態的其他概念。頂尖的藝術家們（兒童或成人）運用透視法來表達不同心理狀態的轉換，即情緒關係的關鍵時刻。透視法不僅是一種表達深度空間的方法，同時在深層的意義上，它更是種幾何圖形的支柱或技巧。

● 畫紙就如同一扇開啟一種景致或視角的「窗戶」

Ben將圖畫紙當成一扇「窗戶」已經有一段時間了。現在他對觀者中心的概念有更深的體會，而且會用這扇「窗戶」來呈現一些景象：換言之，Ben將這扇「窗戶」當成相機的鏡頭。畫紙不再只是顯示顏料的具體平面而已，而是一個可以自由選擇呈現任何一個假想的、更大的視覺組合。這是掩蔽和隱藏線去除法兩種概念的發展。在圖108中，一位士兵的臉是如此靠近我們，以致於我們可以看到他頭盔上的浮雕圖案及其臉上的疤痕。這張圖畫只畫出他的頭而已，這位士兵其他的身體部位都被畫紙下方的邊緣給「截斷」了（與圖107的那個女孩的雙腳被她的裙子「截斷」的方式並不完全相同，但它們彼此是有關聯的）。在畫框以外那些看不見的敵人將劍刺進了圖畫裡。

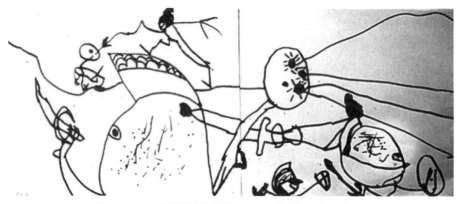

圖108　一場戰爭的場面，Ben 畫於四歲六個月

這和多數同齡幼童所畫的圖並不相同，幼童通常會將畫紙當作一個有形的目標，並將每樣事物的整體且完整的形狀，原封不動地畫進圖畫裡。在Ben的畫中，畫紙邊緣本身遮擋住或是隱藏了大部分的景象，而這些景象只存在他的想像中。當我們觀看這幅畫時，我們也需要運用自己的想像力，來填滿Ben製造出來的那些看不到的部分。身為成年人，因為我們非常習慣這種線畫手法，所以我們通常並不會注意到這部分。

不過，要製造出這種效果是有條件的，即圖中的每部分都需要以同樣的線

畫規則畫製而成。這張圖只有一部分和這種投射維數（projective dimension）概念有些抵觸，也就是那畫在浮雕頭盔上緣的線條所代表的意義。在遠方有個人像跑上了頭盔上頭，就好像它是一座小山丘般！然而，連這個模糊地帶都可能是源自有因。即使在四歲六個月時，Ben 或許就能運用再現的規則創造出一種遊戲。老師和照顧者應該瞭解兒童遊戲有個重要的特性，即孩童只有在明瞭遊戲規則之後，才有辦法運用和變化遊戲規則。Ben 確實瞭解自己所採用的線畫規則。通常處於童年後期和青少年時期的兒童會開始像這樣運用和改變線畫規則，這是一種更有意識地運用再現來反映再現的蹟象（using representation to reflect upon representation）。

☀ 平面、曲線和球體

Ben 剛滿五歲時，他畫了各類的圖畫，而這些圖畫更進一步闡述了空間和時間的關係。圖 109 中有位身穿盔甲的騎士，對著一位騎在馬背上的騎士揮舞著他的劍。請觀察 Ben 是如何畫出像騎士的頭盔一樣的圓形物件，當他畫出頭盔的面甲時，他同時也呈現出頭盔表面的曲線。此時，Ben 相當熟練地以掩蔽和隱藏線去除法等技巧，畫出圍繞在騎士腰部的一條腰帶。這也是他理解「轉

圖 109　一位戴著頭盔的騎士及一位騎在馬背上的騎士，Ben 畫於五歲一個月

過去」（與前面所提及的概念相同）的一種發展形式。再觀看此人像的結構和那個在馬背上的人像結構，這兩者之間相異之處。即使 Ben 後來成為一位傑出的製圖師，但當時他就像多數的幼童一樣，也會因不同的情況而改變其構圖內容。以此觀點論之，這匹馬的構圖顯得相當有趣，牠的身軀和腿幾乎就像是一張由後往前畫的桌子透視圖，而且它們還和馬頭及其鬃毛連結在一起呢！當孩童對一個物件沒有太多的經驗時，他們會盡可能調整自己現有的線畫基模，並將其應用於當下的情況中（Karmiloff-Smith, 1990）。

● 移動的方向

Ben 五歲四個月大時所畫的圖 110 可以驗證時間和空間關係的視覺再現。那個男人正說道：「看哪，那裡有海盜！」因為他當時只上托兒所而已，所以我就婉轉地暗示他，他將那些字和字母寫成前後、左右相反了。他看著我，好像我很愚蠢的模樣，並說道：「別傻了，那些字是以那種方式從他的口中說出來的！」即使在這個階段，幼童對動作的模式和方向的理解力仍是他們線畫和

圖 110　「看哪，那裡有海盜！」Ben 畫於五歲四個月

179

書寫的基礎。基本上，他們理解字句從人的口裡說出來的方式，就和他們理解炮彈從炮口內向外射出的方式一樣，兩者都是建基在相同的理解力上（在圖110的左下角）。

從史前時代開始，語言的產生可能就是源自於人類實際運用自己的雙手，在時空中協調它們，以便完成任務。我們雙手做出來的動作，就是一種表達我們內心想像世界的形式。製作工具也許是接續的階段。換言之，語言的起源可能表明了事件的結構，就如同它反映在行動上一樣。而這些行動則反映出我們用來擴展自己行動範圍的工具上（Gibson and Ingold, 1995）。

再更進一步「反芻和省思」後，我們可接收到孩童的線畫就是讀寫能力的一部分之重要訊息。

從六歲半起，Ben根據自己看過「星際大戰」電影之後的心得畫了一系列的圖畫（見圖 111 至 116）。當我們將 Ben 所畫的這些圖畫和電影的原始圖像做比較時，會發現這是件非常耐人尋味的事。正如同我們一開始所談論的，他人的圖畫對 Ben 的作品影響有限，只有那些與他當時正著手畫製的結構有雷同的部分，才會對他具有影響力。他所畫的太空船相當不同於「星際大戰」原創裡的圖像，這是由於他透過自己內在的基模過濾了這些外在的影響。我們在發展階段中，一次又一次地看到這個歷程。這提供我們一些適切的教學參考依據，例如，我們可以提供孩童哪些建議、不該強迫他們哪些部分等等。我們應該仔細觀察孩童如何組織他們的圖畫，並以此為依據來提供適切的案例作為他們參考之用。這並非意謂兒童只能畫他們已經知道要如何畫的事物，也不代表我們提供的主題（或是物件）只能局限於他們已經可以畫的範圍。我們新提供的主題事件，不但需要以孩童現有的線畫基模為依據，也要能使他們調整和複習既有的基模，或以新的方式組合它們。實際上，這一切往往發生得很自然。他們要畫的主題事件很少和其線畫基模完全符合。

孩童與成人所分享的談話內容也不可能或也不應該會與其線畫基模完全一致。這是 Vygotsky（1986）和其他的專業者所提倡的學派，即老師預測孩童的發展方向。但是，允許孩童在其視覺環境中自發性地搜尋主題事件，才得以促使這過程的進行。這些主題事件在某種程度上會符合孩童既有的線畫技巧，而且他們也有複習和適應這些技巧的機會。Vygotsky 這方面的概念以及相關的

182

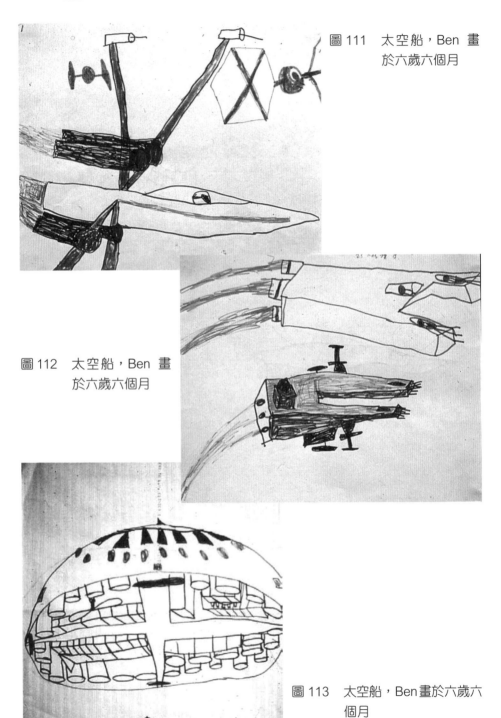

圖 111　太空船，Ben 畫
　　　　於六歲六個月

圖 112　太空船，Ben 畫
　　　　於六歲六個月

圖 113　太空船，Ben畫於六歲六
　　　　個月

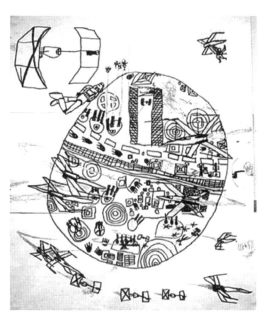

圖 114　太空船和人造衛星（「死亡星」），Ben 畫於六歲八個月

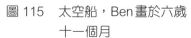

圖 115　太空船，Ben 畫於六歲十一個月

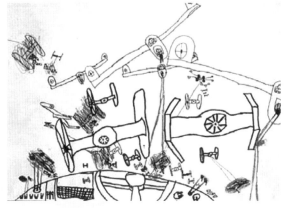

圖 116　全地勢的裝甲運輸機（AT-AT），Ben 畫於九歲兩個月

「鷹架理論」現今已普遍受到嚴重誤解，甚至被扭曲成另一種對兒童藝術和作品的干涉；其中有部分是和什麼是非指導或無指示的活動有關。在當代多數所謂這些新黑暗年代（New Dark Ages）的教育「改革」（reforms）中，處處可見它強而有力的控制力。

　　Ben 在太空船的系列圖中，穿插了其他的主題事件。然而，這些主題事件也詳細闡述了他在空間中表達形態的方法，例如，圖 117「溜滑板的人」，很少有六歲十個月的幼童能夠畫出這樣的圖畫。

圖 117　溜滑板的人，畫於 Ben 六歲十個月

　　他是如何辦到的呢？在他的腦海裡是不是有一張完整的圖片，而他以某種方式複製了它呢？事實絕對不是如此。比較可能的是，在他的內在圖片和畫在圖上的形狀之間，有種相互影響的作用。慢慢地，他已經可以在自己的腦海中產生多種不同的視圖，並且以不同的方式整合和巧妙地操作、運用它們。當他畫圖時，他是依據出現在畫紙上的形狀與其產生出來的空間關係，來調整自己內在動作的圖像。在雙向影響的過程中，他的內在圖像（internal picture）引導他的線畫；反觀，他所畫的圖像（當它出現在畫紙上時）也幫助他發展其內在的圖像。畫線畫幫助他在其想像中轉動物件。

　　兒童運轉內在景象的圖片所具備的技巧，是思考過程的一部分，同時這些

技巧也和數學、語言以及邏輯等多項理解力有著密切的關聯性。Ben是如何產生這些技巧呢？有種活動協助他建構自己的想法。我們稱此活動為**遊戲**。在遊戲中，他創造出許多迷你世界。在這些迷你世界中，包括飛機、太空船、運輸工具和人們等掌上型**玩具**，Ben都小心謹慎地在三度空間中以不同的方向移動著它們。在這項遊戲中，他調整自己看向玩具的視線，並從不同的位置觀察它們的外觀變化（見圖118）。就如同其他兒童一樣，他發現到閉上一隻眼睛觀看景象的技巧。他如此做，是為了摒除兩眼所各見的圖像之間的差異處，以便能獲取單一或是**單眼**的圖像。雖然許多專家學者堅持兒童做出這樣的行為，是在仿效既有的藝術做法（Wartofsky, 1980），但經我們觀察後發現結果並非如此（Wartofsky, 1980）。Vygotsky也沒有臆測孩童是藉由仿效成人的慣例和做法而將自己融入在其文化裡。

我對英國、澳洲和東南亞三處兒童所做的研究顯示出，他們從不斷轉動景象的遊戲中，發現到獲取單一圖像的技巧。這是當藝術家們為了將三度空間的景象視為是從單一視角（single viewpoints）所得的單一圖像（single images）時會採用的一種手段技巧。透視圖就是建構在這個單眼畫面或單眼視界（one-eyed vision）的世界上。你自己試試看：閉上一隻眼睛，然後取得世界的單眼圖像。這是透視圖的準則。

184

圖118　六歲大的華裔新加坡幼童為了要看到手掌型玩具的某些面相，而調整自己的視線。它們在遊戲中「飛行著」

● 一種特別的無為

　　雖然這部分的發展是自發性的，但它還是需要來自善解人意的成人的支持，這種支持的重點就是要允許這項發展的出現。在此，這點很容易被誤解。無庸置疑地，Ben 繼承了 Linda 和我的畫圖基因和能力，但我真的不相信這可以完全解釋他的成就和能力。就 Ben 的案例而言，環境（心理和自然環境）對發展極具關鍵性。然而，像這種來自環境的支持卻是一個微妙又難以被覺察的行為，有時，單純的允許就可引發出富創造性的思考能力。雖然當今許多藝術教育者藐視此觀點，可是仍有許多傑出的兒童藝術先驅（包括像 Rhoda Kellogg 和 Nancy Smith 這些不同的思想家）提出明智且有見識的建言；有時，老師所能做的最好的事，就是不做任何事。或許這可能聽起來很奇怪，可是，這是一種在支持的環境氛圍下所產生的特別的無為。當這樣的支持已經完全融入在老師們所想、所看和所計畫的方式時，它就不會在現實的教學情境中顯得相當突兀了（雖然我們在需要的時候，可以有意識並清楚地用言語表達出來）。

185

　　在 Ben 的自發性或即興藝術發展的過程中，Ben 的父母親創造出一個重視討論和協助的氛圍環境。在此環境中，他們提供和 Ben 的意圖一致的建議，並且欣賞和支持 Ben 的再現和遊戲，以致於這些再現和遊戲有機會擴大發展。他所發展出來的操作、處理和查看物件的技巧，至少有部分是受到一種特殊的幼兒照顧之結果。大部分的孩童受到適切的協助時，都可以做到這些技巧。

☀ 視覺玩笑：幽默和智力的關係

　　剛滿七歲時，Ben 畫了一張完全由香蕉所組成的摩托車圖（見圖 119）。當（也只有在）一個人可以完全掌握再現的語言時，他才有能力開視覺的玩笑，並且以此娛樂親友。以線畫、身體、口語和寫作等方式表現出來的幽默行為舉止，是以再現能力為依據的智能表現（見 Athey, 1977; Reddy, 1991）。

　　John Willats 的研究（1984; 1997）說明了兒童在他們的圖畫中畫出來的深度空間，是一種自我驅動（self-driven）的過程。我的研究驗證了這個概念。Willats 認為當涉及線性透視法（linear perspective）時，這通常不會自然地發

圖 119　「一輛由香蕉組裝而成的摩托車」，畫於 Ben 七歲時

生，而是需要經過教導的過程。如果真是如此，那麼我們就要提出一個非常重要的問題，即這個教導是何時和如何發生的。我們已經討論過無法單以「訓練」的方式教導兒童透視法。的確，在教導任何的投射方式（projective systems）時，都應該徹底觀察及辨識出孩童正在使用的投射方式，並且以此為依歸。我有足夠的證據可以證明，過早教導直線投射法會對兒童造成破壞性的影響。除非他們已經預備好要做出這項需要智能的躍進，否則他們只會被引入另一個認知上的死胡同。

186

　　Ben 其他畫作的主題也包括了二次世界大戰的諾曼第登陸。他在九歲時畫了這張圖，而圖中某些部分是受到他所閱讀的歷史書籍之影響。圖 120 的底部描繪了一位死去士兵，他的遺體躺在海灘上。就我所知，書籍和電影只是影響構製這圖像的間接因素，他自己琢磨戰爭的後果才是這個圖像得以呈現出來的關鍵因素。玩戰爭和打鬥的遊戲通常不是只有暴力層面的意義。在某種層次上，它們與視線、撞擊的軌跡及瞬間等多項概念有關；在更深的層次上，則是涉及公義、英雄主義和權力的處理手段等諸多議題。戰爭遊戲在早期的再現中成為被誤解最深的層面。

　　破壞、受傷和死亡也有滑稽的一面。若想像成人和兒童開與這些主題有關的玩笑，可能會令人咋舌，不過，試想在文學中，有非常多傑出的作品就是和

圖 120 「死去的士兵」，畫於 Ben 九歲時

它們有關。Samuel Beckett 的作品就是其中之一。我們必須找到死亡（mortal-ity）有趣的那個面相。「總要看著生命（和死亡）的光明面」〔Monty Python 的《布萊恩的生命》（*Life of Brian*），1979〕。Ben 在九歲三個月時畫了圖 121。它表達了一個機器人正奮力攀爬一只垂直的梯子，這個看來相當筋疲力盡的機器人雖然最後終於到達頂端，只不過就在片刻之後，它馬上就會被炸毀了。當我們看到發生在比他先到達頂端的同伴的命運時，我們就可以做出這項預測。在這幅作品中，他傳達了過去和未來的狀態。

187

188

　　在這不久之後，Ben 畫了圖 122，呈現出一個爆炸的特寫鏡頭。這種景象（或「鏡頭」）的變化是一種電影特效。從一開始，我們就已經看到孩童必須接受生命的重大事實，即在這個世上，事情往往會破裂或結束。像這樣的圖畫都是這些重要事件的延續的一部分，在此，幽默降低了失序和死亡所帶來的心靈傷痛。最後，我們會發現混亂也許不只是生命的一種不幸後果，而是生命主要的生成力量。孩童在藝術方面的發展是這項動力說（dynamism）的一種極佳論證。

☀ Ben 發展的影響

　　截至目前為止，所有圖畫皆在呈現 Ben 八歲之前的線畫能力。然而，若想完全暸解線畫和繪畫的發展初期，就有必要探索 Ben 在童年後期和青少年期的

圖 121　被炸毀的機器人，畫於 Ben 九歲三個月

圖 122　爆炸的機器人：特寫鏡頭，Ben 畫於九歲三個月

發展歷程。我們已經討論過，線畫是一種附有意義的符號表現的連續體，而此連續體始於最初的線畫動作和符號痕跡。Vygotsky、Piaget 和 Wolf 等諸位專家下述的概念是闡明及瞭解這個過程最直接的方式，即將它視為一種正在思考的孩童、他們的再現意圖以及呈現出來的圖畫之間的三角對話（就是為人所熟知的辯證關係）。Piaget 認為發展本質上是一種知覺、認知和再現之間的變化關係，這種轉變會反應在兒童的線畫發展上。Wolf（1989）亦指出隨著兒童的成長，這個關係著重的部分也會有所改變。年紀較小的幼童會區分出，線條和標記符號在現實世界中所代表的意義；而年紀較大的兒童則關注其更深層的意義。後者會意識到呈現在畫紙上的圖像本身的內容和結構或許並沒有完全揭露此藝術作品的意義。年紀較大的兒童較能夠掌握象徵和隱喻；換言之，線條和形狀並非只代表這世界的邊緣、界限、體積和數量，也可代表沒有被直接畫在紙上的概念、感覺和題材。這不代表幼童的作品就無法呈現出這些較深層次的意義，例如圖 123「狂風和蠻力」就是由一位四歲的華裔新加坡幼童 Darren 所畫成（Ma Ying and Leong, 2002）。然而，年紀較長的兒童也許會積累這些初期的隱喻，漸漸能有意識地掌控 Dennis Atkinson 所稱意義的「符號鏈」（semiotic chains）（Atkinson, 2002 forthcoming）。

Ben 在青少年時期的一些作品即可以此為例。他在十五歲時繪製出圖 124 和 125，它們是他從腦瘤的死亡邊緣復原後，所畫的兩幅畫作。圖 124 稱為「上升與墜落」，就如當時他的其他作品，這幅畫顯示一個深陷嚴重困境的個體。那個人正往下墜落，傷勢嚴重，我們並不確定他是否能起身活過來，他也許能，但或許會再倒下而一蹶不振；也許，他是被困在死亡和復活的一個循環中。

圖 125 的標題為「全神貫注」，就如同「上升與墜落」，年紀較大的兒童較常有意識地將雙重意義（double meaning）運用在標題上。在圖 125 中，Ben 將自己畫成一位沉思的藝術家，他正在玩一個生與死的遊戲。在圖 126 中，三度空間的士兵們正與一隻從二度空間的畫紙中出現的龍決鬥，這種構圖方式是受藝術家 Escher 的影響。這些角色再次融入二度空間的世界之前，他們將會經歷一個短暫的三度空間的生命。他採用了當時相當受青少年喜愛的「虛擬角色扮演的遊戲」（Fantasy Role Playing Game）（雖然這遊戲現在依然受歡迎，但

190

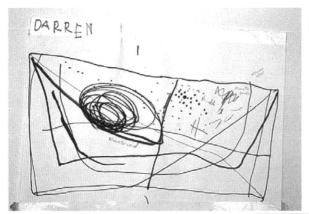

圖 123　「狂風與蠻力」，
　　　　Bay Zhen Xuan,
　　　　Darren 四歲的作品

圖 124　「上升與墜落」，
　　　　Ben 十一歲的作品

圖 125　「全神貫注」，Ben 十五歲的作品

圖 126 「全神貫注」（細節），Ben 十五歲的作品

是以數位化的形式呈現出來）的概念，這生死遊戲的進行有部分是受到丟擲一次骰子來決定的。我們並不確定遊戲參與者的身分地位。他的生命是否取決於丟擲那個骰子呢？或者是上帝，這位遊戲的主宰者，祂可以看透那些隱藏在我們眼前可能發生的事情嗎？或者，上帝和我們其他人一樣，也必須碰運氣呢？

　　Ben 此時正思索著人生旅程的開始和結束，我們可在這兩幅作品當中，看到這些主題是早在嬰幼兒時期就已存在了。現在 Ben 正在思索有關生命的開始和結束，以及有關於我們是從何而來，我們又要將歸至何處。

要如何將研究 **Ben** 和其他一般線畫發展的研究相比較？

　　一般孩童線畫統計圖表的價值非常有限，除非學術界能增加詳細研究像 Ben 這樣的個案研究。這些非常頻繁地運用一種再現媒材的個體，至少能將此媒材的某些潛力發展運用到極致。概括性的發展「階段」理論（"stage" theories of development）的盲點是，它們假設一個預設的終點（無論是「視覺寫實主

義」或是其他對孩童的期待）。傳統的發展理論，包括 Piaget、Bruner 和 Vygotsky 都是傾向將發展描述為兒童逐漸學會克服他們思想中的缺失，並從動態和具體有形的層次進展至永久的抽象概念層次，直到他們達到「正確的」再現的目標為止。誠如先前所述，傳統的終點即是視覺寫實主義，但是寫實主義的特性會因時空的改變而有所不同。這些不同的終點狀態有個共同點，即它們都是社會所接納且被社會糾正過的再現形式。雖然有些特定的終點會隨文化的不同而有所差異，但它的階段永遠都有個預先既定的次序，就某方面而言，都是在邁向「好的」（good）階段。階段理論無法闡明兒童如何從一個階段進展到另一個階段。我們需要對幾個兒童進行更詳盡的研究，而這些研究應該著重在不同類別的再現之間的過渡時期。存在於「階段」之間的，比所謂的階段本身更具有研究價值。

自閉的兒童藝術家

當我們將一般所認可的傳統和概括性的發展歷程視為標準，並將此標準和天賦異稟的孩童做比較的時候（包括罕見的自閉兒童藝術家），就會產生更多的迷惑。因為 Ben 的天賦並非僅局限在線畫而已，他在語言和數學能力上也有高度的發展，所以針對他所進行的研究會比研究那些所謂在其他推理層面有欠缺的優異製圖師，對教師和照顧者而言，更具有研究效益。沒有人確實知道為什麼 Nadia 和 Stephen Wiltshire 這兩位自閉兒童會以他們畫線畫的方式來作畫。有一種臆測是，因為自閉症兒童並不是以一般的方式與外在世界或人們進行互動，加上他們無法以再現的方式玩耍，所以他們或許因而避開了一般兒童會面臨的再現問題。多數兒童認為外在世界充滿大量的知識，但對自閉兒童而言卻並非如此，所以有種揣測認為有可能對自閉兒童來說，將外在世界縮小成一個平面的視覺範疇，會比一般兒童來得簡單容易。不過，有充分的理由可以駁斥這項理論（Costall, 1993; 1995; Seow and Matthews, 2000）。有時，這些與眾不同的兒童被用來論證一項存在已久的視覺知覺和再現的謬論。它的概念為人類視覺的基準來自於在眼睛上形成完美透視圖的一個極小的「視網膜」圖像：像是透過相機鏡片呈現出來的影像。這項說法是依據下述的論點：因為自閉兒童

192

不必承受來自這世界的知識和其具意義的關係之負擔，也沒有受到這些知識及關係的「腐化」，所以他們可以覺察到原始的知覺（實際情況的原始、最初和忠實的影像），並將它們畫出來，就如同以某種方式將眼睛的視網膜印製下來。雖然許多心理學家贊成這種說法，可是並沒有證據可以佐證，而且我幾乎可以確定它是個謬論。

最根本的問題是，有藝術天賦的自閉症兒童畢竟為數極少。有另一個理論認為，他們比較可以將腦海中的視覺影像轉變為必要的運動神經技巧，然後再將其畫在紙上。根據已知的行為運動模式、知覺及語言之間緊密的關係，這論點就顯得較合理。這有可能是，這些飽受自閉症的衝擊及摧毀的兒童，即使本身不同類別的智力免於破壞，但這些不同類別的智力之間卻像孤立的小島（isolated islets）一樣，彼此毫無連結。它們會繼續發展，並受到本能的自我渴望搜尋（the self's desperate search）〔譯註：自我渴望搜尋：有項自閉症理論指出，自閉症者那些看似古怪的行為（奇怪的、強迫性的、重複性的、制式的例行性行為，或是有時候會出現的非比尋常的技巧），事實上他們在運用本身腦部所存留的功能（也就是作者所謂孤立的小島），企圖理解外在世界和確定自己在這世界的位置〕的驅使之下，以行為表現來確認出它們自己和這世界的關係。許多自閉症者的圖畫都是使用高度發展的重複性、有系統的技巧繪製而成的。另外一個可能性即非藝術家的自閉兒童其明顯不具意義的行動，也在再現的方式中變得更有組織，而且依據自閉症程度的差異性，這些再現形式有了一種呈現的狀態。這有可能是因為這些兒童專注於建構一些出現在「一般正常」兒童線畫中的重複性的系統方法（見 Seow and Matthews, 2000）。

除了對自閉症藝術者的迷思之外，尚有另一項同樣具爭議的觀念。大多數撰寫自閉症線畫的學者，宣稱它和一般發展是完全不同。此概念是種誤導，因為這兩種發展也有其共同性。當我觀察 Stephen Wiltshire 畫線畫時，他所發出的興奮聲和做出的興奮動作，與他的線畫動作是同步且一致的。這和截至目前為止本書所闡述的再現要素如出一轍。要斷定這些行為動作是模仿而來的則是件相當困難的事。同樣地，大多數有關自閉兒童藝術家的報導皆主張，因為他們無法像其他兒童一樣進行再現，他們錯失了大多數兒童會經歷的發展「階段」，這也是無事實根據的論述（Seow and Matthews, 2000）。由於研究者對

視覺寫實主義的偏好，所以他們並沒有收集這些兒童最早期的圖畫。例如，有證據顯示 Nadia 經歷過一個短暫的「塗鴉」階段（Golomb, 1992），而撰寫 Nadia 的學者們卻鮮少（如果曾經有過）提及這部分。

 ## 其他有天賦的兒童藝術家

還有類似關於其他非自閉症的資優兒童藝術家的迷思，詳盡的研究顯示他們的發展次序似乎也和大多數兒童一樣。舉例來說，有位華裔女孩 Wang Yani，在兩歲半時畫了非常漂亮的旋轉圈圈的圖畫，以及在基底線上的 U 形圖形（就像其他許多我所觀察的兒童），她稱之為「山」和「橋梁」。當時，她最初的動物畫都是由裡面有符號的完整或封閉形狀和連接於其上的直角附屬物所構成，最重要的是，她父親賞識這些她所畫的早期視覺結構，並且給予鼓勵（Zhensun and Low, 1991）。通常專家學者不會重視資優兒童藝術家早期的線畫資料，而會選擇有關他們後期相當出色的藝術作品之文獻資料，這相當令人惋惜，因為像這樣的資料是非常有價值的：它能告訴我們，這些兒童是如何擴展一般的技巧，還有此過程是如何受到成人所支持和鼓勵。

研究這些兒童並不會（像有些人所聲稱的）打亂所有線畫發展的理論。不成熟的線畫概念混淆了我們對自閉症藝術家的瞭解。例如，Lorna Selfe（1977）將 Nadia 的圖畫誤稱為「如攝影般地逼真」（photographically realistic），而且她認為熟練的線畫技術即等同於在其他認知方面必有缺失。這造就藝術家不是愚笨就是怪異的神話迷思。我們需要更小心謹慎地研究那些高智力且在線畫有天賦的兒童，以便消除存在於線畫發展的迷思。

摘要

在此章節中，我們著眼於兒童是如何在線畫中表現深度空間，這是種普遍且自然的人類行為？還是受文化影響的產物？此問題對我所主張的理論並不具任何意義。我們不可能只以一種純文化案例的仿製品角度來解釋這項發展歷程，因為通常兒童所運用的繪畫技巧，不會出現在他們身邊的圖片裡。而且，

194

當他們真的整合並運用自己在圖畫中所看到的技巧時，他們組合這些技巧的方式，會反映出他們是如何組織其自身的內在歷程，而非反映圖畫來源本身。隨著年齡的增長，兒童也許會對較深層次的意義更為敏感。年紀小的幼童可能可以成功地運用 Willats（1985）所稱的線條的「符號價值」（denotational va-lues）（線條在真實世界裡所代表的事物），而年紀較大的兒童和青少年則可能為了想法、感覺和概念，將圖像當成一種象徵、隱喻來運用（Wolf, 1989）。但這並非意謂這個層面是完全不會出現在幼童的再現形式中。的確，幼兒教育和照顧應該提供這樣的機會，因為在某個程度上，這會影響青少年有意識並巧妙地使用圖像來表達其想法和感受的能力。

我們也探討 Ben 的線畫和其他與眾不同的製圖師和畫家之間的關係。我認為像 Ben 一樣非典型的兒童，其線畫和繪畫的發展可能和較典型的兒童有著相同重要的特徵。這概念還尚未被廣泛接受的原因，是由於那些撰寫資優兒童的作者並沒有注意到他們的再現發展的萌芽期，也對此過程一無所知。

為何許多兒童會放棄畫畫呢？我們可以做什麼來協助他們呢？

chapter 9

　　為何孩童在年幼時熱衷於畫圖，但長大後卻會放棄畫畫呢？遺傳基因是影響因素之一。但從胎兒在子宮內的經驗，我們得知遺傳基因所提供的環境和機會，對身體系統的發展方式具有關鍵性的影響力（Eliot, 1999）。動物和嬰孩的研究顯示，透過經驗和執行動作會活動和活化身體的神經元或是神經細胞傳遞資料訊息。其中，自發性和自我引導的動作（self-initiated and self-directed movement）最為重要。此外，他人的影響則是另一個重要的影響因素；而其他的人，係指環境的一部分。嬰孩以自己獨特的方式與人互動，他們所獲取的符號系統，會使自己與他人的互動更為錯綜複雜。

　　我們從審視孩童的圖畫中，可立即發現成人至關重要的影響性。我們已經看到許多孩童是自發、隨性地畫畫。慶幸的是，即便面對敵視的情緒，他們還是會繼續採用自己原先的再現計畫。Trevarthen（1988）闡述，儘管語言的獲取需要他人的協助，但是「暫時性的自主權」（temporary autonomy）並不會因而消失。當沒有來自環境的支持時，這個暫時性的自主權就會暫時滿足孩童的需求。Derek Bickerton（1981）曾論述，即使沒有足夠的母語刺激，語言仍然可以被激發出來。他曾經研究過嬰孩是如何創造出克里奧耳語（creole）這種混合語。這些嬰孩的母親所說的語言並不是克里奧耳語，而是稱之為「皮欽語」（pidgin）的混雜語。這充分證實了語言獲取過程的理論：在出生或更早之時，語言能力就已經存在於中央神經系統的結構當中。然而，我們並不能因此做出某種存在腦中的小型藍圖早已預先決定線畫、語言，或是任何其他方面的發展。因為與另一個語言的使用者進行互動，才能讓語言和線畫能力發展完全。嬰幼兒在再現歷程中，需要和成人同伴分享他們的經驗，在這個歷程中，

聲音、行動和圖像都被賦予意義。

　　在這個發展的路程上，孩童會面臨許多抉擇。雖然有時候孩童看似陷入明顯的僵局當中，可是這並不會是永久的障礙。即使有時候孩童無法用言語直接告訴我們他們的需要，但是他們的思考語言會呈現在他們的行動、遊戲和所使用的媒材當中，照顧者必須有能力瞭解這樣的語言。即使一位面臨困境、心煩意亂的孩童，他們的行為舉止仍然會顯露其思考邏輯的蛛絲馬跡，而他們的問題特性就會呈現於其思考邏輯當中（Bettelheim, 1987; Winnicott, 1971）。

　　運用本書所描述的發展模式，照顧者可以參與在孩童可能會發展的方向當中，進而對此做出某種程度的預測。有時候，孩童看似挫折，這是因為他們無法找到一個方法可以表達出自己對外在世界的新領悟；在這時候，他們可能會主動向自己的周遭環境尋求協助。有時候，他們會環顧其所處的文化並找尋（在照片和圖畫裡、在書本和漫畫中，或在電視和電影上）一種可以幫助自己表達的特定圖像。孩童可以學習線畫的規則，這些規則將三度空間的世界轉換到二度空間的平面上。這就是為什麼禁止他們應用他人的圖畫，並將這些畫視為是「二手」圖像（'second-hand' image），是非常不智的。若將此視為單純是「複製」的行為，同樣也是完全誤解了發展。

　　在重大的抉擇時刻，「經歷較豐富的學習者」可以在兒童的發展路程中參與、提議，或是將其經驗與孩童分享。這是Vygtosky的近側發展區（ZPD）和鷹架理論的真正意思，而非強制利用兒童的遊戲，使其朝向預設在成人心中的重要目標來進行。例如，當孩童變得對轉圈感到興趣時，照顧者或許可以引薦多種有趣的旋轉經驗，從旋轉蓋子到洗衣機，以及像「玫瑰花圈」（Ring o' Roses）一樣有關旋轉的童謠。

　　有些人可能會認為孩童轉圈圈是因為他們聽到這些歌曲，所以才進而仿效歌詞的動作。事實卻是孩童的動力和具體形象這兩種轉圈基模致使他們選擇了這些歌曲，而不是其他的歌曲。孩童的需求可能是引導最初創作出這些歌曲的原因，所以這些歌曲才會依舊受到他們的歡迎。除了我所例舉有關轉圈的歌曲之外，同樣的原則也可以應用在其他受歡迎的歌曲、節奏、電影和電腦，以及電動玩具上。孩童從圖像文化中所做的選擇，可能是學習的經驗和教材的很好

線索和提示。〈傑克和姬兒爬上山丘〉（*Jack and Jill go up the Hill*）和〈矮胖

子〉（*Humpty Dumpty*）這兩首童謠是爬高和下降很好的例子。另外一個例子則是當 Ben 在畫國王和城堡的時候所唱的〈我是城堡的國王〉（*I'm the King of the Castle*）。嬰孩之所以非常喜愛天線寶寶（Teletubbies）這個電視節目，就是因為它的劇本與基本關係以及因果關係的連鎖反應有相關。嬰孩對於從外面進到裡面去、從裡面到外面、往上、往下、穿過、從 A 到 B，以及「再一次」等發展初期的概念非常感興趣。女性主義者極度嚴厲地批評像《湯姆與傑利》（Tom and Jerry）等類似的卡通，她們認為它們是一種宣傳沙文主義以及男性暴力的手段。這並不正確。像這樣的「卡通」〔就文藝復興的措辭它們是一種素描草稿（a preparatory drawing）〕是撞擊的軌道和撞擊瞬間的極佳範例。卡通影片《貓狗》（CatDog）則是一個非常好的例子。貓狗是一隻動物，它身體的一端是貓的頭，另一端則是狗的頭。這個兒童劇在劇情中展現出因果關係（通常被誤解為男性暴力），另外，它也會斟酌有關自我認同、情緒衝突的解決，以及如何上廁所等其他的問題。在這些絕妙的電影中，這些問題通常是透過友情來找到解決的辦法，且需要和朋友一同解決事情。

　　非常可惜的是，由於寓意、道德上的引導，像這樣的教材有時候並無法運用在校園環境內。同樣令人扼腕的，無論是男孩或女孩的遊戲，只要牽涉到軌道衝撞（trajectory-and-impact games），都會被誤解是男子漢的暴力（包括假裝射擊的遊戲），導致被許多托兒所禁止。女性主導的幼教人員不幸地將男童的槍戰誤解為是一種男性霸權和暴力的表現。幼教人員應該以中立的態度仔細思量這樣的批判。除非這個錯誤能被糾正過來，否則送我們的孩子（無論是男或是女孩）到托兒所或是幼兒中心，就一點意義也沒有了。

　　孩童的符號表現發展（development in symbolisation）從一個程度進展到另一個程度，並為其賦予新層次的意義；如同一項具有多重意義的事物，兒童與所處的環境、自身的經驗及環境中的機會，進行一場流暢的對話。感覺動作模式（sensorimotor patterns）成為更深層次的意義之結構。舉例來說，孩童創造出所有線條和交叉線的技法，但是它們的符號和再現的價值，會隨著智力發展而被賦予不同層次的意義。我們可以細想畫斜線這個簡單的例子，起初，因參照現實世界而畫出的傾斜或斜線，有時候是具有其方向的意義；之後，它卻可能在圖畫紙上僅代表一個形體上的傾斜、向內傾斜的軸線或是斜面而已。可

198

193

是，後來斜線不完全係指形體上的傾斜，而是在表現遠離假想觀畫者的一條水平邊緣（a horizontal edge）。這會發生在當孩童開始運用一種能夠標示出深度關係的新線畫方式，進而畫出這條斜線的時候，或是他們將第三度的空間畫在二度空間的畫紙上的時候。

當孩童開始運用斜線來表達深度空間時，即是和他們討論如何運用這些線條的好時機，同時也可趁機舉例引導他們瞭解運用在他人圖畫中的斜線。最重要的是，倘若我們希冀孩童能夠繼續重視藝術過程，身為成人的我們就必須真誠地喜愛它們，孩童將能夠感應出我們是否真誠地在回應他們的作品。關鍵在於要建立起一個可以允許和信任兒童探索自己的再現景象（representational landscapes）環境，這是一個尊重兒童和成人有不同表達方式的環境。在此，孩童有信心人們會嚴肅地對待他們的作品，不會將他們的線畫當成是不屑一提的塗鴉。

絕無所謂太早和孩童討論他們的圖像作品的時候；不過我們必須依照他們的年齡來變化我們的用字遣詞。在嬰幼兒時期，應著重於嬰孩和照顧者運用於彼此相處的時間和空間當中的姿勢、臉部表情和聲音等四度空間的語言。這樣持續進行的對話，會隨著孩童的成長漸漸以不同的形式呈現出來。我們對孩童說話的字數並不重要。雖然有些兒童喜愛學習不同的概念和想法，但是我建議有時候並不需要和他們說任何話。就如 Nancy Smith 的看法，當孩童在畫畫時，我們有時需要躡手躡腳地，不要被他們發現。Tina Bruce（1991）也論及一個要點，即當孩童拿一幅圖給你時，他們也許單純只想和你分享這幅作品，他們可能完全沒有預期會得到任何批評。他們對於想和成人分享自己因喜悅而畫出的圖畫，竟會受到批評，想當然耳，他們會因此感到震驚。這不僅是「對禮物吹毛求疵」的例子，也是等同成人驟然截除發展的一條重要手腳，危害發展的行為。

我們的焦點應鎖定在瞭解孩童嘗試要做的事上。與幼童工作和遊戲的經驗，讓我瞭解他們通常非常喜愛成人用慎重、熱衷的態度對待他們的畫作。終於有一個成人可以理性、有見解地和我談論自己的作品了！當我們和他們討論如何運用線條、形狀和顏色時，我們也在幫助他們提升語言和數學的理解力。我們要協助他們表達出對再現是如何運作的理解和看法，並且將這些理解和看

199

法帶進其意識層面當中，在此過程中，孩童對畫畫所面臨的可能性和限制，會有較深的體會，同時他們也會暸解到自己能將一部分的再現意圖傳達給他人以及其原因為何。兒童正在擴大和他人交談的範圍，並且加深自己在此部分的理解力，他們也開始學習使用術語。就如同有位三歲大的幼童非常興奮地跑向我，大聲地說：「Matthews 博士！Matthews 博士！我畫了一個封閉的羊！」（譯註：封閉的形狀；在英文，封閉的羊與封閉的形狀，這兩者的發音雷同。）

 ## 過去我的小孩有看過我畫圖嗎？

雖然我們通常會盡量避免讓 Ben、Joel 和 Hannah 接觸我很嚴謹的繪畫習慣；但事實上，因為在他們的童年時期，我相當投入繪畫活動，所以我相信這對他們具有一定程度的影響。我也會有計畫地讓他們體驗我的繪畫過程；也就是我會選擇分享那些當時正形成在他們自己畫畫當中的方法，所以他們可以理解這些方法和技巧。我認為灌輸幼童某種成人繪畫的型式，對於他們並沒有多大的助益。但非常巧合地，當初我所喜愛的繪畫類型，正好是著重於動作和圖像之間的基本關係；這也正是我的孩子們當時正關注的議題。相對地，我自己的繪畫和線畫同樣也受到他們的影響。所以，很難定論是誰影響誰：這是一個雙向的過程（事實上，這樣的狀況一直持續到現今：Hannah 的女性攝影、Ben 的綜合多媒體舞臺表演藝術，以及 Joel 的搖滾音樂等，兒女們的藝術作品至今都一直深深影響著我）。

此外，我和 Linda 在親密關係中的行為舉止也影響到孩子們，這是持續不斷、永無止境的互動關係的一部分，著重於過程而非成果的關係。這怎麼可能呢？因為兒童的表達和再現的背景在家庭生活中會因應而生：處理家庭事物，接觸電子和傳統的媒材，自製的日常生活物品、修理損毀的物件、基本的木工，以及操作和處理各種事情。令人遺憾的是，人們似乎忽略這些部分，取而代之的是一種被權力團體所鼓吹習得的集體健忘症，為的是要打壓個人的創造力，並且建構出一個訓練人們（再次地）「知道自己的位置」（to know their place）的系統方法（Ranson, 1984, p. 241; Simon, 1988, p. 43; Berliner and Biddle,

200

1995）。

 ## 我們應該示範給兒童看嗎？

我不會畫圖給幼稚園的幼兒看，我的確偶爾會畫圖給我自己的孩子，但通常是以很簡單的方式，而且是依據他們當時的程度為主。當我為他們畫圖的時候，我會竭盡可能地、清楚地跟他們解釋我當下所做的。我會跟他們解釋，某些效果是線畫規則造成的，並且幫助孩童去瞭解他們圖畫中的結構和內容，我也會採用他們很容易跟得上的線畫次序。通常，我和 Linda 會讓孩子們以簡單、有信心和熟悉的方式去使用材料和媒材，有時我們會運用便宜或是廢棄不用的材料或是電子設備。我們並不擔心犯錯，我的經驗是，只要一點的關照，孩童就有辦法操作昂貴的相機和其他的機器。當我和 John Jessel 共事時，John讓孩童們使用電腦的方式，讓我留下非常深刻的印象。當時，我對科技一無所知，並且認為電腦是昂貴的、新穎的、令人驚嘆的東西，需要被保持像新的一樣閃閃發亮。John卻允許孩童們用顏料和土壤塗抹它們，還認為這是一個好主意呢！除了向他們規範儀器的安全及他們自身的安全外，我們並沒有教導他們任何規則。如，「使用相機時，不要將它摔下去！」「將帶子掛在你的脖子上面。」「不要戳鏡片，因為這樣做就像是在戳它的眼睛一樣！」「不能將電腦弄濕！」這也許是非常基本的常識，但不要忘記了，在不久之前，孩童不能像碰觸紙筆般容易地來接觸這些科技產品。

和幼童相處二十五年之後，我仍然主張一個人要以極為謹慎的心來為孩童畫畫。因為大多數的人是以說話為主，他們傾向用口語交談，即使是和牙牙學語的嬰孩的互動方式，也比和塗鴉的幼童的互動方式來得好。值得一提的是，讓孩童觀看我的畫作和工作過程，只不過是兒童照顧方式的一小部分；回應和談論孩童自己的繪畫和線畫作品，對他們的影響才會更有意義。

 ## 紀錄保存的重要性

我們應該記錄下孩童所畫的作品，以及他們所建構的東西。他們本身的繪

畫和線畫作品，就是一個很好的發展紀錄。但要記得它們並不只是「已完成的作品」。孩童大部分的行為動作都將會有表達性和再現的價值和意義，我們需要找出所有行為動作背後隱藏的意義。對於那些所謂行為有的問題、具破壞性、困難或是孤僻等學習障礙的孩童來說，記錄他們的作品將會是一個非常有用的診斷工具。錄影的經濟效益較高，也是非常有效的方式，而且只要給予一些協助，孩童就可以錄製自己的作品了。如上所述，我和 Rebecca Chan 教導了二、三歲大的幼童操作錄影機，我們試著在不同媒材中，以及他們的遊戲和說話中，去察覺相同或相關的主題。反之，我們同時也嘗試去察看，當孩童將一個熟悉的行為動作運用在一個不同的表現方法和媒材上時，會產生何種新且微妙的變化。不要太早從孩童的手中將作品拿走，應該延長他們在當下看作品的時間，或是協助他們將作品保存下來。由此，他們可以看到自己的收藏在持續增加，也可以看到自己的進展。我們給 Ben、Joel 和 Hannah 不同尺寸和材質等多樣的廉價畫冊，他們隨時可以使用這些畫冊和翻閱自己的作品。我們要將它們好好地展示出來，但不要損害了作品原來的質感和特性。不要只是將它們「收拾整齊」，也不要用剪刀或是有鋸齒的美工剪刀將圖畫修剪開來。在孩童的圖畫當中，沒有一處是「被浪費」的。沿著一張圖案的線條邊緣將它從畫線剪下來，就會破壞了孩童對線條的敏感度。我們應該給孩童一個展示自己作品的機會（我從幼教專家 Judy Cooper 身上學到這個訣竅）。

當今，因為電子繪畫可以直接被投射到大的螢幕上，所以孩童可以觀賞到像 Jackson Pollock 和 Willem De Kooning 這些令人稱讚的畫家，以光線和驚人的速度所創造出來的加速度繪畫筆觸。在近代的兒童藝術展覽中，Jane Leong、Sylvia Chong 和我都讓幼童使用大型的電子繪畫，同時也加入比較傳統的藝術形式（Ma Ying and Leong, 2002）。不要忘記了電子媒材以外的其他藝術形式。也不要忽略了孩童表演慾望的層面；要如何將這部分以最好的方式呈現或是展示出來呢？以概略的行事原則來說，幼童所做的一切都是藝術（除非被證明不是）。這值得我們深思琢磨。

不要將畫畫只局限在畫架上，可以是在桌上或是地板上，因為任何方式都有其創作的良機、優勢和限制。在畫架上作畫有其價值性，因為我們可以控制空間、可以隨心所欲地靠近或是遠離自己的繪畫或線畫作品。我們可以在畫架

上維持自己的自主性。但就另一方面而言，有時候，在畫架上作畫是一種與人隔離、孤立的活動。這也是需要具備特殊的技巧。站立著，並且將畫筆控制在與畫紙差不多垂直的狀態，可以是一件相當令人疲憊的事。運用桌、椅也有其優缺點，將桌子聚集放置在一起，椅子擺放在彼此周圍，這意謂著孩童可以彼此討論他們的圖畫、坐下休息，或是觀看自己或別人的作品。

當孩童在此情境下畫畫時，通常會產生有趣和重要的互動。因為孩童通常是很好的老師，而且這種互動提供彼此不同的學習機會，這迥然不同於各自在畫架上作畫，在畫架上作畫彼此學習的機會相對就非常有限。不過，無論是在畫架上、桌面上或是採用電腦，每一種形式的安排並非單純只有「好」或是「不好」，它都以其獨特的方式在模塑、影響作畫的活動。例如，在畫架上，顏料會滴落和流動，這可以是一種優點，也可以是缺點。在畫架上作畫時，全身都要投入其中；然而，若是以電腦繪畫或是在桌上作畫就不需要如此了。

在一間大型的教室裡，若運用傳統的、具體存在的顏料，每位學生所能使用的顏色就會有限；但倘若使用電子繪圖，一個三歲大的幼童就可以毫無限制地使用不同的顏色了（Matthews and Jessel, 1993a; 1993b）。這斷然駁斥了傳統的理論，認為只有較年長的孩童才有能力去運用各種不同的顏色。（對於孩童和老師而言）與準備、分配和收拾有形的顏料等客觀和現實的問題，都隨著採用電子繪圖而消失殆盡，但不能以此為藉口，讓數位和電子的藝術素材取代了有形的藝術素材！沒有任何東西可以取代這些傳統、有形的藝術材料工具，重點是要發展出有關其背景和表現手法的獨特性。Claire Golomb 也在她的「兒童使用黏土」的研究中提及此概念（Golomb, 1974; 1992; 1993）。

我們要協助孩童自己摻和顏料並展現自己的作品，當然，不可以強迫任何人畫線畫或繪畫。在適當的環境氛圍下，畫桌和畫架也可以變成非常受到孩童的喜愛。Nancy Smith 對於安排孩童作畫有一些又好又切實的想法（Smith, 1983），她強調要發展孩童對線畫本身的敏感度和真誠的興趣，這會形成童年時線畫發展的模式。再者，我們的定義需要有彈性，要用開闊的心胸去接受多種線畫的形式。例如，畫畫一定要產生出一個符號痕跡來嗎？看看當代的藝術派別對線畫所持的態度（Rose, 1992; Rush, 1999; Button and Esche, 2000）。一些後現代的藝術家將動作視為線畫的一種形式，而且線畫和舞蹈之間有其關聯

性（Davies, 2003）。線畫甚至不需要在陸地上進行。無重力的繪畫已經在太空中被創作了（Pietronigro, 2000）。我也曾在無重力之下創作，寫作和畫出我的水中書籍（見 Matthews, 2003）。

繪畫：外顯的事件

203

　　我想要以觀察 Hannah 在兩歲兩個月大時和 Linda 一同作畫的案例，作為此章節的結尾。Hannah 正值畫封閉形狀和圓點的發展時期。下述的觀察是從錄影帶的逐字稿中截取出來，逐字稿是為了分析而進行的研究方法，將錄影帶以四分之一的慢速度播放出來，再製作成逐字稿。選擇此案例是因為它闡明了整本書所論及的所有主要與兒童互動和提供他們所需的原則。無論應用在幾歲的孩童身上，這些原則基本上都是維持不變。

　　Hannah 用畫筆和顏料畫畫。桌子前面擺設了一張椅子。她正站在椅子上面。桌上擺著一張 A1 大小的紙張、一些畫筆，以及六罐顏料——黑、紅、黃、紫、綠和藍色。Linda 坐在 Hannah 的左邊，她們彼此的距離是在觸手可及的範圍。

　　一開始，Linda 小心審慎地將 Hannah 的衣服移至她認為是在 Hannah 的視野和活動範圍之外，並將它們收藏放好。Hannah 正在嘗試將一支畫筆從顏料罐裡舉起來。畫筆卡住了，並且在黏稠的顏料裡撲哧撲哧地發出聲響。Linda 移動自己的雙手要去協助 Hannah，但她的雙手只躊躇在罐口的邊緣預備，並沒有實際協助 Hannah 拿出畫筆。因為當時 Hannah 將紅色的顏料罐放低、置於桌上，自己就將畫筆取出來了。

　　Hannah 將畫筆壓在畫紙上，然後她將它舉高十五公分，停頓了一下。正當 Linda 的雙手仍然停留在紅色顏料罐上並將它握牢時，Hannah 再次將畫筆垂直、堅定地往下壓在畫紙上。她聳起肩膀，用力加壓在筆端和畫紙所接觸的點上。Linda 感興趣並吃驚地張開口，幾乎只有移動自己的雙眼，往上看著 Hannah 的臉，再回來往下看著圖畫，目光放在畫筆剛剛碰觸到畫紙的位置上。當 Hannah 將畫筆往下壓時，她稍微皺起眉頭，透過緊閉的雙唇，以少於一秒鐘的時間，發出「噗嗤」聲（a'raspberry' sound），然後，當畫筆被舉高在離畫

紙表面十五公分之上時，她仍然繼續發出「噗嘶」的聲響。

　　大約過了十五秒，Hannah 用畫筆非常猛烈地往下戳同一點時，她同時也發出一次「噗嘶」聲，這聲音和畫筆碰擊的時間點剛好一致。當她提起畫筆，離畫紙表面大約十五公分之時，她看向 Linda，Linda 也回看她。碰擊三次之後，她又做出有節奏的戳刺動作，每次都會發出「噗嘶」聲，她的行動和聲音都是同時進行，她提高了「噗嘶」的音量，當她舉高畫筆時，她倒吸一口氣，就像在打暗號一樣。

　　第五次的碰擊（又再次和一聲「噗嘶」同時進行）是發生在距離 Linda 幾公分不遠之處。就在 Hannah 將畫筆往下戳刺第六次的時候，Linda 張開的嘴化成了一抹微笑。

　　經過了第八次的戳刺後，Hannah 停頓較久的時間，看著向她微笑的 Linda，然後，Hannah 馬上將自己的注意力移回圖畫上。接著她用畫筆做了一連串垂直弧線動作，並且漸漸加快速度，一開始她閉住氣，然後就慢慢發出聽得見的嘆氣聲，當她加速時，她吐氣，她所發出的聲音不再對應其動作。她逐漸做出從髖關節和肩膀處帶出來的旋轉動作，由左、往後、往前地做出大的弧線動作，製造出一連串的顏色斑點。最後這個碰擊的動作，變成了一個拉的動作，她的頭向一邊傾斜，目光仍追隨這個動作。

　　這似乎給了她一個新的靈感。她暫停，不動。她將畫筆對準紅色顏料罐的方向，但似乎突然重新考慮這個決定。她改變了原先的想法，放下畫筆，她的左手移向瓶口。從慢動作播放的影片中，我們可以看到她的手指頭向外張開，就像個圓形一樣。就在這個時候，Linda 的雙手加入、協助她。這慢動作的影片捕捉到顏料罐的中間周圍，成人和幼童的手舞出了一段美妙的雙人芭蕾舞劇。Linda 搭起這項任務的「鷹架」（Gray, 1978, p. 169），但是她只做到一種足以讓 Hannah 主導的程度。Hannah 將蓋子壓回罐子上，而 Linda 很慎重地完成確保蓋子蓋緊的動作。

　　Hannah 傾身用右手去拿藍色的顏料罐。她的手指再次地向外張開，形成了顏料罐的形態。她拿起顏料罐，成功地用她的左手拉開了蓋子。Linda 問道：「那是什麼顏色呢？」「藍，」（藍色）Hannah 回答。當她將藍色的顏料罐放在靠近畫紙中間的位置時，Linda 伸向顏料，並且將蓋子移開至 Hannah 的視

線和活動範圍之外。一旦她完成這個動作，Linda 就從 Hannah 的活動範圍內撤離，並重新坐回桌子旁邊的位置。

　　Hannah 並沒有察覺到 Linda 的協助，因為 Linda 似乎選擇讓這個幫忙的行動，同時發生於當 Hannah 全神貫注在她自己的畫筆的時機。在慢動作的影片中，Hannah 換手握筆，直至握到她滿意自己將筆握緊到最佳的狀態為止，在這個過程中，她的雙手和手指就宛如舞出了優美的芭蕾舞。她接下來的動作是預先計畫好的，這個計畫的想法是形成在她做了第一個畫筆的拖曳動作時，而非戳刺的動作。現在，她用藍色顏料以逆時針方向將顏料罐當成軸心，勾畫出藍色的顏料罐。當她畫出這條線時，她全神貫注，目光追隨著自己所做的動作。當她緩慢地拖著畫筆繞著顏料罐的時候，她同時也用自己的聲音，開始發出「噓ㄩㄩㄩ」的長音。當她試著糾正跑滑的畫筆的路線時，她往上看向 Linda，希望獲取 Linda 的肯定。這時，畫筆飛出了畫紙，彈回到桌邊，發出一聲巨響，她們兩人都躊躇了一會兒，目睹這事件的發生。

205

　　Hannah 看向 Linda，Linda 回應了她的注視。Hannah 再做了一個往下戳刺的動作，似乎是為這一系列的行動畫上句點，或甚至是驚嘆號。然後，她站直，張嘴，左右搖擺頭部，檢視整個景象。然後，她往上看著我，露出微笑。「真棒呀！Hannah。」我說道。大概有兩秒鐘，我們三個都看著那幅畫作，一條藍色、彎曲的弧型，這條有藍色弧型的部分和一團團的紅點接觸在一起。之後，Hannah 找尋藍色顏料罐的蓋子。Linda 協助她蓋回蓋子。Hannah 取回紅色顏料罐，一個新的繪畫順序即將要上演了。

分析

一個兩歲大的幼童，隨著圖畫的發展，會開始控制圖畫

　　嚴謹地分析影片記錄顯示出 Hannah 做了有技巧的線畫行動。Hannah 正開始控制她複雜的行動模式。為了表達自己內在的世界，她的四肢動作、臉部表情、呼吸、言語、物件的控制、工具的運用，以及畫圖的動作等，都在這些行動模式當中彼此合作無間。它揭示了 Hannah 對物件和控制力的瞭解；即明瞭

她自己的行動和這些產生出來的圖像之間的關聯。

成人和兒童的互動

此外,這一連串的事件也揭示出 Hannah 和她媽媽之間互動的複雜層面。它闡明成人要如何回應和支持孩童的早期繪畫。此觀察事件可以成為與兒童互動和提供他們所需要的重要原則。Linda 以溫柔且敏銳的態度讓 Hannah 主導整個事件,在此過程中,她們對於發生在畫紙上的事有共同的理解和期待。

這是一個成人支持孩童面臨其任務,以及為此建構「鷹架」的極佳案例。或許 Hannah 的母親 Linda 看似沒有做什麼,可是她所做的對 Hannah 的發展卻有關鍵性的影響。

存在成人和兒童之間的互動空間

像這樣一個標記符號的事件,是一種產生在母親和孩子之間微妙且協調的互動發展,包括身體和臉部動作,以及她們所發出的聲音(Stern, 1977; Trevarthen, 1975; 1980; 1984; 1988; 1995)。

在此,我們看到兩個夥伴以有節奏的動作模式,將彼此天衣無縫地配搭成雙。這也使得 Hannah 和 Linda 母女進入了對彼此有深層同理的狀態。Trevarthen 提及對這些行動模式而言,有個標準化的生物時鐘可用來鑑定所有速度、範圍、節奏和音調的抑揚頓挫的變化之重要性。當 Hannah 支配這時間點的變化時,她就可藉此創造出表達和詼諧的效果。

在智力的冒險歷程中,母親和孩童是同伴

嬰孩和母親雙方分享著共同的視野,這個視野也是其行動的範圍。這不只是包括有形的畫紙表面、顏料罐和畫紙,也包含迎向一扇象徵充滿可能性和未知的未來之窗戶。這兩人同時都在預測和期盼著可能會發生在畫紙上的事件,她們偕同踏入未知的世界裡。

幼童和母親知道彼此對某事物的觀感。當一方做了一個動作時,另一個人的觀點一定會被納入考量。想想母親對自己孩子的行為舉止所提供的支持和鼓勵有哪些特性和類別。雖然 Linda 幾乎沒有動,並且明顯很少和 Hannah 交談,

206

可是 Linda 本身的存在，仍舊對於支持和鼓勵 Hannah 所進行的任務極具重要性！她們之間的溝通大多以眼神交換為主，有不同種類的看。母親和孩童似乎能夠毫不費力地區別這些不同的眼神。例如，當 Hannah 遞送出疑惑的眼神時，Linda 通常是以一個行為而非一個字句來回應她。

● Linda 是如何協助 Hannah 呢？

在此有許多教導的層次：從一個指示（如當 Linda 問道：「那是什麼顏色呢？」而 Hannah 的回答則是「藍」），到一個示範，然後到更為微妙的溝通和同樣的看法。母親主要是以自己的肢體語言，為事件下一個「註解」（Harris, 1989, p. 22）。英國和其他國家最新的課程設計，只承認教導的層級，而這卻是最不重要的層級。事實上，最深的層級是再現的起源，即語言和讀寫能力。我們需要有更多的專家學者來研究形成於成人和孩童之間的人際姿勢和表達性語言，因為它們是教導互動原則的一部分。這不應該被解讀為我們能教導人們以一成不變的觀念來進行人際互動，或是誤認我們能「教導」母親如何和她們自己的孩子玩耍，而是在表明應該定義和發展出一種全然不同的師生關係的概念（Blenkin and Kelly, 1996）。

207

Linda 意識到 Hannah 的視線和活動範圍。她只有在絕對必要的情況下，才會以無干擾的方式，進入 Hannah 的活動空間內。Linda 做動作的時間點，是在 Hannah 全神貫注於畫筆或是顏料罐的時刻。Linda 快速退出 Hannah 的空間，讓 Hannah 能重新掌控自己的動作。Linda 只有在 Hannah 所面臨的任務（例如將蓋子從顏料罐上取下來）可能會打斷 Hannah 流暢的思緒時，才會伸出援手，接著她會以乾淨俐落的作風移開自己的雙手，尊重 Hannah 的視線領域。這樣的方式使孩童能看到所發生的事件，並且可以再次獲取掌控權。有時，Linda 有技巧地「建構鷹架」讓 Hannah 產生自己擁有全然掌控的錯覺。這不只是此「建構鷹架」在 Hannah 身上製造出她完全掌控一切的幻覺，更是這兩人花時間協議磋商所產生出來的結果。換言之，我們無法將涉及的「任務」和這兩人的搭檔關係區分開來，也不能將此雙人關係從研究中抽離出來。

● 線畫不是一個解決問題的情境

母親和幼童對意外事件的反應是極富啟發性，無論是驚奇、幽默或是奇妙的事件，每個回應似乎都是正向的。例如，當畫筆飛離畫紙，撞擊到桌邊時，沒有人為此感到困擾，相反地，她們認為這是件有趣的事。有些研究者習慣將線畫視為一種解決問題的情境；這並不正確，而且有誤導之疑。即使幼童不斷地製造出問題，但在此，這些都不算是問題。在一個良好的教育環境裡，孩童會喜愛問題；在失序的教育體系中，他們會害怕問題。孩童的意圖和影響這些意圖的偶發事件之間，彼此相互影響。當 Hannah 一直監控並嘗試校正那支飛出去的畫筆時，她所做出的行為並非出自自己心中既定的想法。她容許從原先計畫所衍生出來的各種變化的情況。這不同於幼教的高瞻課程（High ／ Scope）的方式（1979）。在高瞻課程中，學齡前的幼兒被期待要預先規劃好運用遊戲材料的方式（Hohmann, Banet and Weikart, 1979）。它要求非常小的幼童在經驗動態遊戲和探索活動之前，就能進行抽象思考，可是抽象的思考能力是從動態的遊戲和探索的過程中發展出來的，所以它違反了我們對兒童發展的一切認知。我的理論也不符合任何國民教育課程的計畫，國民教育課程的計畫總是以預先設定的目標或是「正確的」終點為前提，來評量孩童的行為（Atkinson, 2002 forthcoming）。

Hannah 利用偶發的事件。她並不僅只注意到相似的意外事件而已，一個小的動作順序（就像是當一個戳刺動作變成拖曳動作時）也會讓她聯想到新的行動次序的可能性。而這行動次序則是存在於眼神、肌肉和骨骼架構所產生的姿勢動作等複雜的身體動作當中（Matthews, 1999）。

● Hannah 做決定

Linda 回應變化無常的繪畫事件的態度非常重要。在任何時候，幼童都沒有感到自己有「行為不當」之處。Linda 並沒有將自己的偏見強加諸在 Hannah 身上，或是對所發生的事有任何設限。Hannah 可以隨心所欲地設定這個繪畫經驗。

🔘 紅色的噗嗤聲和藍色的步道

極具重要的意義是，Hannah 發出非常不同的聲音，同時也伴隨非常不同的標記行動或符號。間斷、大聲的「噗嗤」聲，和垂直的撞擊動作以及紅色斑點同時發生；輕聲、持續的「嘘ㄩㄩㄩ」聲，則是伴隨著一條延伸的、緩慢移動的藍線。

在這個和其他的例子中，Hannah 正在探索從相同事件衍生出來不同類型的等效性概念（Arnheim, 1954, 1974）。就描述性而言，我們可以知道這是數數字的開端。她正在數算自己的動作和符號痕跡，這最後將會成為她運用抽象計算方法的能力。當 Hannah 意識到自己的動作和符號標誌與其他的物體和事件之間有共同的特性時，這個事件的插曲便因應而生。從這事件的插曲中衍生出另一個發展途徑。

209

🔘 兩歲大的幼童有繪畫的概念

從先前的觀察資料中，我們看到了聲音、動作和圖像之間開始彼此產生相關聯的萌芽期。Hannah 當下可能認為，「噗嗤」聲和一支卡在黏稠顏料裡的畫筆所發出的聲音及觸覺之間有相似之處；同樣地，輕柔的「嘘ㄩㄩㄩ」聲和拖拉筆毛的聲音也有雷同之處。她正在探索一個行動或是圖像可以和另一個行動或是圖像產生共鳴，或者是可以象徵或等同於另一個行動或圖像的概念。她不只是在操縱物件而已，她也在操控自己的概念及想法。

☀ 不同種類的寫實主義

縱使 Hannah 對於自己的圖畫感到相當滿意，但有人仍會認為，發展順序本身自然而然就會推促她想要轉換到下個階段去畫「寫實的」圖畫。但對孩童而言，「寫實的」定義會隨著年齡和情境而改變。在不同的生命階段裡，孩童會排斥所謂的「進階的」畫法，因為（對他們而言，它們完全沒有使圖畫變得更「寫實」）這些畫法事實上犧牲掉了他們理解外在世界的主要看法。例如，以透視法繪製而成的一張桌子，失去了它九十度的桌角的特徵，還有它長方形

的形狀也隨之被扭曲。這也許是孩童面對歐幾里得或刻板的幾何圖形時，他們所畫的物件結構會呈現出「制式或機械式的」圖案的原因之一。即使對視覺寫實主義一知半解的藝術教育學者也能侃侃而談它的概念，但實際上很難為此專有名詞做出適當的定義。Dennis Atkinson 亦提出，孩童常因沒有畫出物件真實看起來的樣子，而受到批評；但事物「真實」的模樣又是怎樣呢？這評論認為真正的事實與我們所討論的再現模式並不相同。絕對寫實和人類的再現模式沒有交集。相反地，再現並非某種絕對寫實的複製品，它是人類建構出來的。在線畫中，這意指視覺寫實（因為沒有更好的字詞）成形於圖畫紙上。孩童改變自己對世界的認知，以及運用一種媒材選擇優先要將哪些訊息轉換成密碼（encoded）（即形狀）表達出來，會影響他們如何畫出某種形狀以及畫出什麼形狀。

☀ 線畫是力量的交互展現，而非物件的再現

　　當孩童明顯改變其表達世界的方式時，有部分是反映出他們已經改變其認定需被優先表達的訊息之順序（Light, 1985）。當孩童被迫放棄這些表達和再現的形式時，以及當我們過早以狹隘的線畫方式訓練他們的時候，他們的發展就會受到傷害。將物件的再現視為線畫的核心是完全錯誤的概念。Arnheim 認為，線畫本質上是不同力（forces）之間的相互作用（Arnheim, 1954, 1974）。

　　我們有必要研究世界各處和不同時期的藝術家所採用的不同系統方法。例如，早在十七世紀時，中國人早就已經非常瞭解三度空間的線畫形式，但是他們選擇不使用它，這是因為他們認為它不適用於他們想捕捉超自然空間的繪畫目標。他們不認為畫畫是一扇通往有形世界的「窗戶」（Sullivan, 1973; Edgerton, 1980）。印度的畫作通常是運用垂直斜投射的系統方法（the vertical oblique projection system）。在垂直斜投射系統中，平面圖（例如，地毯的平面圖）同時會和（人們和其他物件的）側面的立面圖一起被呈現出來。立體主義的繪畫（Cubist painting）結合了垂直斜線和其他的系統方法；而有某種後現代藝術採用了多樣性的符號和標誌，當中有些是和視覺世界一點關聯也沒有。非常諷刺的是，那些自詡為「多元文化」以及「反種族主義的」（或甚至是「後現

代」）教師，他們自認尊崇來自其他文化的藝術作品，但是他們卻同時譴責自己的學生使用不同的繪畫系統方式。這透露出了他們完全不明瞭多元文化的意涵（見 Atkinson, 2002 forthcoming）。

雖然成年藝術家較兒童能掌控多種的再現系統，但是幼童也有多樣的選擇性。隨著 Hannah 日漸成長，她並不會只選擇高層次的再現方式，而放棄使用她以前所採用的方式；反而，這些舊的再現方式會依照她思想的巨變，在新的層次上被重新修訂及轉變，進而以較複雜的方式整合在一起（Athey, 1990; Wolf, 1989）。現代和後現代藝術家欣賞兒童藝術的主因是因為他們能感受到兒童藝術所具備的清晰洞察力，這是不同於寫實或線性透視的作品。但是，如果能徹底瞭解透視圖，就會明瞭它也結合了我們在嬰兒時期對時間、空間和動作的理解能力。Ben 的個案研究就是一個例子。

211

摘要

在本書中，我闡述了兒童運用和組織視覺表現的工具之起源和發展。我認為它是一個連續體，並在每個發展層次上都有其語義和組織的特性；換言之，至始至終它都是具有組織結構和意義。這也適用於再現的萌芽期，也就是一般認定幼童處於在無意識「塗鴉」的階段。實際上，本書對再現萌芽期的描述與其他的說法在本質上有相當大的落差，這些不同的概念不只會影響我們瞭解及提供兒童日後的藝術教育，更會影響整體的教育方針。

我據理闡明畫畫在思考和情緒發展上扮演了核心的角色，當孩童畫畫時，他們會經歷一連串重要的思考和情緒的歷程。我們已經看到它牽涉到重要的數學以及語言層面。倘若成人能理智地和兒童談論他們的圖畫作品，畫畫就能擴展其語言層面的發展。語言組織了線畫的呈現，而且或許所有的再現方式都深受語言語法的影響。事實上，我主張線畫和繪畫是所有表達和再現方式或是「型式」（modes）的一部分。這些表達和再現的方式或是型式產生於嬰兒期，而且它們被整合在一起，以便協助孩童表達自己的世界。

我們已經瞭解到隨著孩童日漸長大，他們的圖畫也會隨之改變，這是因為他們優先考量要表達在一幅畫作的重要資訊已經有了改變（Light, 1985）。階

段性發生在孩童思想上的巨變，可能會引發這些改變。當孩童費盡心思欲將自己世界裡的事實完整地畫出來時，有些成人或許會認為他們畫的圖案很奇怪。不過，我們若以一種狹隘的視覺寫實及所謂缺陷不足的觀點來評量這些圖畫，我們則犯了嚴重的錯誤。運用新穎或電子媒材與否，在本質上並不會造成任何重大的改變。有形的黑板只不過被電子螢幕取代罷了。「虛擬的現實」只是取代了較舊式的「正確的」再現典範而已。孩童的線畫經常是各種知識的綜合體，並以密碼的形式存在我們仍然所知有限的表達方式之中。我們的責任就是要去破解在這些系統方式中的密碼，以便能夠協助孩童瞭解自己的生命和世界，是如何以這些系統方式被呈現出來。當我們越能瞭解如何呈現自己的世界，我們將越能處理自己的未來。

212

參考文獻

Ahlberg, J. and A. (1981) *Peepo!* London: Kestrel Books.

Allott, R. (2001) *The Natural Origin of Language: Vision, Action, Language.* Knebworth: Able Publishing.

Arnheim, R. (1954, 1974 2nd edn.) *Art and Visual Perception: The Psychology of the Creative Eye.* Berkeley: University of California Press.

Athey, C. (1977) Humour in children related to Piaget's theory of intellectual development, in A.J. Chapman and H.C. Foot (eds), *It's a Funny Thing, Humour.* Oxford: Pergamon Press.

Athey, C. (1990) *Extending Thought in Young Children: A Parent–Teacher Partnership.* London: Paul Chapman Publishing.

Atkinson, D. (2002 forthcoming) *Art Education: Identity and Practice.* Amsterdam: Kluwer Academic.

Awdry, W.V. (1997) *Thomas the Tank Engine: The Complete Collection.* New York: Random House.

Bartholomew, L. and Bruce, T. (1993) *Getting to Know You: A Guide to Record Keeping in Early Childhood Education.* London: Hodder and Stoughton.

Berefelt, G. (1987) Sex differences in scribbles of toddlers: graphic activity of 18 month old children. *Scandinavian Journal of Educational Research,* 31, pp. 23–30.

Berliner, D.C. and Biddle, B.J. (1995) *The Manufactured Crisis: Myths, Fraud, and Attack on America's Public Schools.* New York: Addison Wesley.

Bettelheim, B. (1987) *A Good Enough Parent.* London: Thames & Hudson.

Bickerton, D. (1981) *The Roots of Language.* Ann Arbor: Karoma Publishing.

Blenkin, G.M. and Kelly, A.V. (eds) (1996) *Early Childhood Education: A Developmental Curriculum.* (2nd edn.) London: Paul Chapman Publishing.

Bower, T.G.R. (1974, 1982 2nd edn.) *Development in Infancy.* San Francisco: Freeman.

Bremner, J.G. (1985) Figural biases and young children's drawings, in N.H. Freeman and M.V. Cox (eds), *Visual Order: The Nature and Development of Pictorial Representation,* pp. 301–31. Cambridge: Cambridge University Press.

Brown, T. (1997) Collaboration: life and death in the aesthetic zone. *Robert Rauschenberg: A Retrospective.* New York: Guggenheim Museum.

Bruce, T. (1987) *Early Childhood Education.* London: Hodder and Stoughton.

Bruce, T. (1991) *Time to Play in Early Childhood Education.* London: Hodder and Stoughton.

Bruner, J. (1990) Keynote paper. IVth European Conference on Developmental Psychology, University of Stirling, Scotland.

Bruner, J.S. (1964) The course of cognitive growth. *American Psychologist,* 19, pp. 1–15.

Burton, E. (1997) Artificial innocence: interactions between the study of children's drawing and artificial intelligence. *Leonardo,* 30 (4), pp. 301–9.

Button, V. and Esche, E. (2000) *Intelligence: New British Art 2000.* London: Tate Gallery.

Chafe, W. (1994) *Discourse, Consciousness and Time: The Flow and Displacement of Conscious Experience in Speaking and Writing.* Chicago: University of Chicago Press.

Chan, R. and Matthews, J. (2002a) Trajectory and impact: the representation of the terrorist suicide plane crashes in the U.S.A. in the drawings of 2 to 3 year olds in Singapore. Unpublished research study. Visual and Performing Arts, National Institute of Education, Nanyang Technological University, Singapore.

Chan, R. and Matthews, J. (2002b) Two-year-olds making movies: how children use digital movie videocameras. Unpublished research study. Visual and Performing Arts, National Institute of Education, Nanyang Technological University, Singapore.

Chomsky, N. (1966) *Cartesian Linguistics: A Chapter in the History of Rationalist Thought.* New York: Harper and Row.

Chomsky, N. (1994) *Language and Thought.* Wakefield, RI: Moyer Bell.

Chomsky, N. (1997) *Rules and Representation.* Cambridge: Cambridge University Press.

Condon, W. (1975) Speech makes babies move, in R. Lewin (ed.), *Child Alive*, pp. 81–90. London: Temple Smith.

Costall, A. (1993) Beyond linear perspective: a Cubist manifesto for visual science. *Image and Image Computing*, 11 (6), July/August, pp. 334–41.

Costall, A. (1995) The myth of the sensory core: the traditional versus the ecological approach to children's drawings, in C. Lange-Kuttner and G.V. Thomas (eds), *Drawing and Looking: Theoretical Approaches to Pictorial Representation in Children*, Hemel Hempstead and New York: Harvester Wheatsheaf.

Costall, A. (2001) Introduction and notes to G.H. Luquet's *Children's Drawings ('Le Dessin Enfantin')*, translation and commentary by A. Costall. London and New York: Free Association Books.

Cox, M. (1992) *Children's Drawing.* Harmondsworth: Penguin.

Cox, M. (1993) *Children's Drawings of the Human Figure.* Hillsdale, NJ: Lawrence Erlbaum Associates.

Cox, M. (1997) *Drawings of People by the Under-5's.* London: Falmer Press.

Cox, M.V., Cooke, G. and Griffin, D. (1995) Teaching children to draw in the infants school. *Journal of Art & Design Education*, 14, pp. 153–63.

Darwin, C. (1859) *Origin of Species.* Ware: Wordsworth Classics.

Davies, M. (2003) *Movement and Dance in Early Childhood.* (2nd edn.) London: Paul Chapman Publishing.

De Villiers, P.A. and de Villiers, J.G. (1979) *Early Language.* London: Fontana.

Duthie, R.K. (1985) The adolescent's point of view: studies of form in confliction, in N.H. Freeman and M.V. Cox (eds), *Visual Order: the Nature and Development of Pictorial Representation*, pp. 101–120. Cambridge: Cambridge University Press.

Easthope, A. (1999) *The Unconscious.* London: Routledge.

Edelman, G.M. (1987) Neural Darwinism. New York: Basic Books.

Edgerton, S.Y. (1980) The Renaissance artist as quantifier, in M.A. Hagen (ed.), *The Perception of Pictures, Vol. 1, Alberti's Window*, pp. 179–212. New York: Academic Press.

Eisner, E. (1997) Keynote paper on visual arts education, presented at the International Conference on 'The Arts and Education in Hong Kong': An International Symposium, Hong Kong Convention Centre, Lyric Theatre, Academy for Performing Arts, 20–22 March.

Eliot, L. (1999) *Early Intelligence: How the Brain and Mind Develop in the First Five Years of Life.* London: Penguin.

Fenson, L. (1985) The transition from construction to sketching in children's drawing, in N.H. Freeman and M.V. Cox (eds), *Visual Order: The Nature and Development of Pictorial Representation*, pp. 374–84. Cambridge: Cambridge University Press.

Ferreiro, E. and Teberowsky, A. (1982) *Literacy Before Schooling.* Oxford: Heinemann Educational.

Freeman, N. (1980) *Strategies of Representation in Young Children.* London: Academic Press.

Freeman, N.H. and Cox, M.V. (eds) (1985) *Visual Order: The Nature and Development of Pictorial Representation.* Cambridge: Cambridge University Press.

Freire, P. (2000) *Pedagogy of the Heart.* New York: Continuum Books.

Freud, S. (1915–17) *A General Introduction to Psychoanalysis (28 Lectures to Laypersons).* London: Penguin.

Fucigna, C. (1983) Research proposal: M.A. Thesis. Tufts University MA.

Furth, H.G. (1969) *Piaget and Knowledge.* New Jersey: Prentice Hall.

Gardner, H. (1985) *Frames of Mind: The Theory of Multiple Intelligences.* London: Paladin.

Gardner, H. (1997) Keynote speech for *7th International Conference on Thinking*. Singapore 1–6 June.

Gesell, A. (1946) The ontogenesis of infant behaviour, in L. Carmichael (ed.), *Manual of Child Psychology,* pp. 295–331. New York: Wiley.

Gibson, J. (1966) *The Senses Considered as Perceptual Systems.* Boston: Houghton Mifflin.

Gibson, J.J. and Yonas, P. (1968) A new theory of scribbling and drawing in children, in H. Levin, E.J. Gibson and J.J. Gibson (eds), *The Analysis of Reading Skills.* Washington, DC: US Dept of Health, Education and Welfare, Office of Education.

Gibson, K.R. and Ingold, T. (1995) *Tools, Language and Cognition in Human Evolution.* Cambridge: Cambridge University Press.

Golomb, C. (1974) *Young Children's Sculpture and Drawing: A Study in Representational Development.* Cambridge, MA: Harvard University Press.

Golomb, C. (1992) *The Child's Creation of a Pictorial World.* Berkeley: University of California Press.

Golomb, C. (1993) Art and the young child: Another look at the developmental question. *Visual Arts Research,* 19, (1) pp. 1–16.

Gray, H. (1978) Learning to take an object from the mother, in A. Lock (ed.), *Action, Gesture and Symbol: The Emergence of Language,* pp. 159–183. London: Academic Press.

Harris, P. (1989) *Children and Emotion.* Oxford: Basil Blackwell.

Hohmann, M., Banet, B. and Weikart, D.P. (1979) *Young Children in Action.* Michigan: High/Scope Press.

Karmiloff-Smith, A. (1990) Constraints on representational change: evidence from children's drawing. *Cognition,* 34, pp. 57–83.

Kellogg, R. (1969) *Analyzing Children's Art.* Palo Alto, CA: National Press Books.

Kelly, A.V. (1990) *The National Curriculum: A Critical Review.* London: Paul Chapman Publishing.

Kindler, A. (1997a) Paper prepared for presentation at the INSEA International Conference: Our Futures in Design, Glasgow, 10–15 July.

Kindler, A. (ed.) (1997b) *Child Development in Art.* Reston, VA: National Art Education Association.

Kindler, A., Eisner, E. and Day, M. (eds) (2003) *Learning in the Visual Arts: Handbook of Research and Policy in Art Education.* Canada: University of British Columbia.

Kress, G. (1997) *Before Writing: Rethinking the Paths to Literacy.* London: Routledge.

Kunasegaran, S., Aljunied, M. and Matthews, J. (2002) *Developmental Approach to Understanding and Assessing Children's Drawing: A Drawing Development Assessment Resource for Primary School Art Teachers.* Singapore: Psychological Assessment and Research Branch, Ministry of Education.

Light, P. (1985) The development of view-specific representation considered from a socio-cognitive standpoint, in N.H. Freeman and M.V. Cox (eds), *Visual Order: The Nature and Development of Pictorial Representation.* Cambridge: Cambridge University Press.

Lorenz, K. (1996) *The Natural Science of the Human Species: An Introduction to Comparative Behavioural Research (The Russian Manuscript, 1944–1948).* Cambridge, MA: MIT Press.

Lowenfeld, V. and Brittain, W.L. (1970) *Creative and Mental Growth.* New York: Macmillan.

Luquet, G.H. (1927) *Children's Drawings ('Le Dessin Enfantin'),* translation and commentary by A. Costall (2001). London and New York: Free Association Books.

Ma Ying, J. and Leong, W.Y.J. (2002) *The Art of Childhood and Adolescence: The Construction of Meaning: Exhibition Catalogue.* Visual and Performing Arts, National Institute of Education, Nanyang Technological University, Singapore.

Marr, D. (1982) *Vision: A Computational Investigation into Human Representation and Processing of Visual Information.* San Francisco: Freeman.

Matthews, J. (1983) Children drawing: are young children really scribbling? Paper presented at British Psychological Society's International Conference on 'Psychology and the Arts', University of Cardiff.

Matthews, J. (1984) Children drawing: are young children really scribbling? *Early Child Development and Care,* 18, pp. 1–39.

Matthews, J. (1992) The genesis of aesthetic sensibility, in D. Thistlewood (ed.), *Drawing, Art and Development.* London: NSEAD and Longman.

Matthews, J. (1994 Ist edn.) *Helping Children to Draw and Paint in Early Childhood: Children and Visual Representation,* 0–8 Series, London: Hodder and Stoughton.

Matthews, J. (1999) *The Art of Childhood and Adolescence: The Construction of Meaning.* London: Falmer Press.

Matthews, J. (2000a) The conversational structure of young children's use of visual media, in A. Brown (ed.), *English in SE Asia 99*, pp. 119–130. Singapore: National Institute of Education and Prentice Hall.

Matthews, J. (2000b) Within the picture: reconsidering intellectual and visual realism in children's drawing. A paper prepared for 'II International Congress in Children's Art', 27, 28 and 29 September, Madrid: University of Madrid.

Matthews, J. (2001a) Children drawing attention: studies from Singapore. *Visual Arts Research*, 27 (1) pp. 13–45. USA: University of Illinois.

Matthews, J. (2001b) Visual literacy: let children act naturally. *Five to Seven*, August. pp. 27–34.

Matthews, J. (2001c) Taking the toys from the boys: the suppression of male symbolisation in early years' education. Unpublished paper.

Matthews, J. (2004) The art of infancy, In E. Eisner & M. Day (eds), *Handbook of Research and Policy in Art Education.* (pp. 253-298). Mahwah, NJ and London: Lawrence Erlbaum Associates, Inc.

Matthews, J. (2003) *Large Glass of Water.* Underwater performance at 'The Art Gallery', Visual & Performing Arts, National Institute of Education, Nanyang Technological University, Singapore, 30 January 2003.

Matthews, J. and Jessel, J. (1993a) Very young children and electronic paint: the beginnings of drawing with traditional media and computer paintbox (shortened version), *Early Years*, Spring, 13 (2), pp. 15–22.

Matthews, J. and Jessel, J. (1993b) Very young children use electronic paint: a study of the beginnings of drawing with traditional media and computer paintbox (original version), *Visual Arts Research*, Spring, 19 (1), Issue 37, pp. 47–62.

Meadows, S. (1991) The development of writing, in P. Light, S. Sheldon and M. Woodhead (eds), *Learning to Think*, pp. 175–84. London: Routledge.

Michotte, A. (1963) *The Perception of Causality.* London: Methuen.

Monty Python's (1979) *Life of Brian.* (written by Graham Chapman) Criterion Collection. www. Amazon.com

Nasar, S. (2002) *A Beautiful Mind. The Life of Mathematical Genius and Nobel Laureate John Nash.* London: Simon & Schuster.

Petitto, L. (1987) Gestures and Language in Apes and Children. A talk given at the Medical Research Council's Cognitive Development Unit, London, 28 May.

Phillips, W.A., Hobbs, S.B. and Pratt, F.R. (1978) Intellectual realism in children's drawings of cubes. *Cognition*, 6, pp. 15–33.

Piaget, J. (1951) *Play, Dreams and Imitation in Childhood.* London: Routledge and Kegan Paul.

Piaget, J. and Inhelder, B. (1956) *The Child's Conception of Space.* London: Routledge and Kegan Paul.

Pietronigro, F. (2000) Research project number 33: Investigating the Creative Process in a Microgravity Environment. *Leonardo*, 33 (3) pp. 169–77.

Pinker, S. (1994) *The Language Instinct.* London: Penguin.

Piscitelli, B. (2001) Re-Reading Art for the Child under Seven. Seminar paper: School of Early Childhood, Centre for Applied Studies in Early Childhood, Queensland University of Technology, Brisbane, Australia.

Ranson, S. (1984) Towards a tertiary tripartism: new codes of social control and the 17+, cited in B. Simon, *Bending the Rules: The Baker 'Reform' of Education.* pp. 42–3. London: Lawrence and Wishart.

Rawson, P. (1982) Lecture at Goldsmiths School of Art, London: University of London.

Reddy, V. (1991) Playing with others' expectation: teasing and mucking about in the first year, in A. Whiten (ed.), *Natural Theories of Mind*, pp. 143–58. London: Blackwell.

Richards, M. (1980) *Infancy: World of the Newborn*. London: Harper Row.

Rose, B. (1992) *Allegories of Modernism: Contemporary Drawing*. New York: Museum of Modern Art.

Rush, M. (1999) *New Media in Late 20th-Century Art*. London: Thames & Hudson.

Selfe, L. (1977) *Nadia: A Case of Extraordinary Drawing Ability in an Autistic Child*. London: Academic Press.

Seow, A. and Matthews, J. (2000) *Daniel: A Case Study of an Autistic Child's Drawing: What can Drawings of an Autistic Child Teach Us about Development and Representation?* Unpublished Academic Exercise, Visual and Performing Arts, National Institute of Education, Nanyang Technological University, Singapore.

Simon, B. (1988) *Bending the Rules: The Baker 'Reform' of Education*. London: Lawrence and Wishart.

Smith, N.R. (1979) Developmental origins of structural variations in symbol form, in N.R. Smith and M.B. Franklin (eds.), *Symbolic Functioning in Childhood*, pp. 11–26. Hillsdale, NJ: Lawrence Erlbaum Associates.

Smith, N.R. (1983) *Experience and Art: Teaching Children to Paint*. New York: Teachers College Press.

Spelke, E.S. (1985) Perception of unity, persistence and identity: thoughts on infants' conceptions of objects, in J. Mehler and R. Fox (eds), *Neonate Cognition: Beyond the Blooming, Buzzing Confusion*. Hillsdale, NJ: Lawrence Erlbaum Associates.

Spelke, E.S. (1990) Origins of visual knowledge, in D.N. Osherson, S.M. Kosslyn and J.M. Hollerbach (eds), *An Invitation to Cognitive Science: Visual Cognition and Action*, pp. 99–128. Cambridge, MA: MIT Press.

Stern, D. (1977) *The First Relationship: Infant and Mother*. Glasgow: Fontana.

Stetsenko, A. (1995) The psychological function of children's drawing: a Vygotskian perspective, in C. Lange-Kuttner and G.V. Thomas (eds), *Drawing and Looking: Theoretical Approaches to Pictorial Representation in Children*, pp. 147–158. London and New York: Harvester Wheatsheaf.

Sullivan, M. (1973) *The Meeting of Eastern and Western Art from 16th Century to Present Day*. London: Thames & Hudson.

Sumsion, J. (1999) James' story: A decade in the life of a male early childhood professional. *Early Child Development and Care*, 159, pp. 5–16.

Tarr, P. (1990) More than movement: scribbling reassessed. *Visual Arts Research*, 16 (1), Issue 31, pp. 83–9.

Temple, A.T., Nathan, R.G. and Burris, N.A. (1982) *The Beginnings of Writing*. Boston: Allyn and Bacon.

Thelen, E. and Smith, L.B. (1994) *A Dynamic Systems Approach to the Development of Cognition and Action*. Cambridge, MA: MIT Press.

Thelen, E., Schoner, G., Scheier, C. and Smith, L.B. (2000) The dynamics of embodiment: a field theory of infant perseverative reaching. Behavioural and Brain Sciences 24 (1). Preprint on internet: www.cogsci.soton.ac.uk/bbs/Archive/bbs.thelen.html

Thomas, G.V. and Silk, A.M.J. (1990) *An Introduction to the Psychology of Children's drawings*. London and New York: Harvester Wheatsheaf.

Tormey, J. and Whale, G. (2002) On drawing, visual language and the pictorial image: an interview with John Willats. TRACEY (www.tracey.lboro.ac.uk) Electronic Journal on Contemporary Drawing Research and Practice.

Trevarthen, C. (1975) Early attempts at speech, in R. Lewin (ed.), *Child Alive*, pp. 62–80. London: Temple Smith.

Trevarthen, C. (1980) The foundations of intersubjectivity: the development of interper-

sonal and cooperative understanding in infants, in D. Olson (ed.), *The Social Foundations of Language and Thought: Essays in Honour of J.S. Bruner*, pp. 316–42. New York: W.W. Norton.

Trevarthen, C. (1984) How control of movement develops, in H.T.A. Whiting (ed.), *Human Motor Actions – Bernstein Reassessed*, pp. 223–59. Amsterdam: Elsevier Science Publishers.

Trevarthen, C. (1988) Human communication is emotional as well as cognitive – from the start. A talk given at the Medical Research Council's Cognitive Development Unit, Euston, London, 23 June.

Trevarthen, C. (1995) Mother and baby – seeing artfully eye to eye, in R. Gregory, J. Harris, P. Heard and D. Rose (eds), *The Artful Eye*, pp. 157–200. Oxford: Oxford University Press.

Trevarthen, C. and Grant, F. (1979) Infant play and the creation of culture. *New Scientist*, February, pp. 566–9.

Trevarthen, C. and Hubley, P. (1978) Secondary intersubjectivity: confidence, confiding and acts of meaning in the first year, in A. Locke (ed.), *Action, Gesture and Symbol: The Emergence of Language*, pp. 183–229. London: Academic Press.

Van Sommers, P. (1984) *Drawing and Cognition: Descriptive and Experimental Studies in Graphic Production*. Cambridge: Cambridge University Press.

Vygotsky, L.S. (1966) Play and its role in the mental development of the child. *Soviet Psychology*, 12 (6), pp. 62–76.

Vygotsky, L.S. (1986) *Thought and Language*. Cambridge, MA: MIT Press.

Wartofsky, M.W. (1980) Visual scenarios: the role of representation in visual perception, in M.A. Hagen (ed.), *The Perception of Pictures*, Vol. 2, pp. 131–52. New York and London: Academic Press.

Whale, G. (2002) Why use computers to make drawings? Conference paper. *Creativity and Cognition 2002 Conference*. Loughborough University School of Art and Design.

White, B.L., Castle, P. and Held, R. (1964) Observations on the development of visually directed teaching, *Child Development*, 35, pp. 349–64.

White, M. and Stevenson, C. (1997) *Drawing on the Art of Children: An Historical Perspective of Children's Art in the Twentieth Century*. Catalogue for Exhibition, 11 September–6 October, Macquarie University Library.

Whitehead, M. (1990) *Early Literacy*. London: Paul Chapman Publishing.

Willats, J. (1984) Getting the picture to look right as well as be right: the interaction between production and perception as a mechanism of development, in W.R. Crozier and A.J. Chapman (eds), *Cognitive Processes in the Perception of Art*. Amsterdam: North Holland.

Willats, J. (1985) Drawing systems revisited: the role of denotational systems in children's figure drawings, in N.H. Freeman and M.V. Cox (eds), *Visual Order: The Nature and Development of Pictorial Representation*, pp. 78–100. Cambridge: Cambridge University Press.

Willats, J. (1992) The representation of extendedness in children's drawings of sticks and discs, in *Child Development*, 63, pp. 692–710.

Willats, J. (1997) *Art and Representation: New Principles in the Analysis of Pictures*. Princeton, NJ: Princeton University Press.

Wilson, B. (1997) Types of child art and alternative developmental accounts: interpreting the interpreters. *Human Development*, 40 (3), B. Rogoff (ed.), Karger, Basel, pp.155–168.

Wilson, B. (2000) Keynote paper, 2000 Asia-Pacific Art Education Conference, Regional Experiences and Prospects in the New Century, Hong Kong Institute of Education, Hong Kong, 28–31 December.

Wilson, B. and Wilson, M. (1985) The artistic tower of Babel: inextricable links between culture and graphic development. *Visual Arts Research*, 11, pp. 90–104.

Winner, E. (1989) How can Chinese children draw so well? *Journal of Aesthetics Education*, 22, pp. 17–34.

Winnicott, D. (1971) *Playing and Reality*. London: Tavistock.

Wolf, D. (1984) Repertoire, style and format: notions worth borrowing from children's play, in P.K. Smith (ed.), *Play in Animals and Humans*, pp. 175–93. Oxford: Blackwell.

Wolf, D. (1989) Artistic learning as a conversation, in D. Hargreaves (ed.), *Children and the Arts,* pp. 23–39. Milton Keynes: Open University Press.

Wolf, D. and Fucigna, C. (1983) Representation before picturing. Paper presented at the Symposium on Drawing Development, British Psychological Society International Conference on Psychology and the Arts, University of Cardiff, Wales.

Wolf, D. and Perry, M.D. (1988) From endpoints to repertoires: some new conclusions about drawing development. *Journal of Aesthetic Education*, 2 (1), Spring, pp. 17–34.

Zhensun, Z. and Low, A. (1991) *A Young Painter: The Life and Paintings of Wang Yani – China's Extraordinary Young Artist.* New York: Scholastic Inc.

索引

（條目後的頁碼係原文書頁碼，檢索時請查正文側邊的頁碼）

國家圖書館出版品預行編目資料

線畫和繪畫：兒童與視覺再現／John Matthews 著；
賴昭文譯.--初版.--臺北市：心理，2010.06
面； 公分.--（幼兒教育系列；51142）
參考書目：面
譯自：Drawing and painting:
children and visual representation

ISBN 978-986-191-364-3（平裝）

1.美術教育　2.兒童畫
3.兒童發展　4.學前教育

523.23　　　　　　　　　　　　　　　　99006701

幼兒教育系列 51142

線畫和繪畫：兒童與視覺再現

作　　者：John Matthews
譯　　者：賴昭文
執行編輯：高碧嶸
總 編 輯：林敬堯
發 行 人：洪有義
出 版 者：心理出版社股份有限公司
地　　址：231 新北市新店區光明街 288 號 7 樓
電　　話：(02) 29150566
傳　　真：(02) 29152928
郵撥帳號：19293172 心理出版社股份有限公司
網　　址：http://www.psy.com.tw
電子信箱：psychoco@ms15.hinet.net
駐美代表：Lisa Wu（lisawu99@optonline.net）
排 版 者：龍虎電腦排版股份有限公司
印 刷 者：竹陞印刷企業有限公司
初版一刷：2010 年 6 月
初版五刷：2019 年 2 月
I S B N：978-986-191-364-3
定　　價：新台幣 300 元